朴憲郁先生

《朴憲郁先生献呈論文集》

恵みによって生きる人間の形成

キリスト教教育の理論と実践

上野峻一・田中かおる◉編著

日本キリスト教団出版局

まえがき――朴憲郁先生献呈論文集発行にあたって

朴憲郁先生は、二〇一八年三月末をもって東京神学大学教授として定年を迎えられる。この献呈論文集は、これまで朴先生のもとで薫陶を受け、神学的な研鑽を重ねながら修士論文を提出した者たちによる感謝の表明である。もちろん、朴先生は、今後も東京神学大学をはじめ、多くの大学や教会など他方面において活躍されるに違いない。けれども、東京神学大学において指導を仰いだ者たちにとって、あるいは、キリスト教教育という分野で、学術的にも、実践的にも従事する者たちにとっても、朴先生の東京神学大学ご退任は、忘れ難い特別な出来事になるであろう。

朴先生が、東京神学大学で教鞭をとられたのは、一九八九年に非常勤講師として教え始められてから、常勤講師、助教授、教授と約三十年の長きにわたる期間であり、実に数多くの神学生たちを指導されてきた。学部でのキリスト教教育に関する初歩的な講義に始まり、教職課程での実践的な授業、大学院では欧米の宗教教育学から示唆を得た最新の研究に関するゼミまで幅広く担当され、他にも東アジアの神学研究や海外研修など、枚挙に遑がないほど幅広い射程をもって学生を鼓舞し続けてこられた。また現在に至るまで、明治学院大学、青山学院大学、ルーテル学院大学、聖学院大学、東京女子大学、上智大学などの数々のキリスト教大学でも非常勤講師として教鞭をとられた。このように現在ではキリスト教教育の分野を中心に活躍される先生であるが、チュービンゲン大学では新約聖書神学のパウロ研究において博士号を取得しており、新約聖書学でも日本を代表する神学者の一人である。つまり、新約聖書学からのキリスト教教育への学術的アプローチ、それもパウロ神学という意味では、日本において右に出る研究者はいないといっても過言ではない。

朴先生は、学生たちにとっては、厳しい先生という一面があり、修士論文の指導に関しても、高い学問的な水準を要求なさることがある。このようなご指導に対して、必ずしも学生たちが、的確に応えることができなかったこともしばしばであろう。しかし先生は、研究者として、また教師としての厳格さをもちつつも、牧師として学生たちを牧会するかのように、ひたすら忍耐と愛をもって指導し続けられた。さらに神学校の教授として教鞭をとるだけではなく、何よりも牧師として教会での主任担任教師の責務をも担われてきた。このことは、朴先生ご自身が、キリスト教教育という神学の理論と実践とを、学校や教会の現場において生き方を通して示し、教会と神学校とが車の両輪であるということを、身をもって体現されてこられたことに他ならない。

この度の朴先生の退任を記念して、かつての教え子たちが出版する運びとなった献呈論文集は、先生のご研究の内容に沿って、主題を「キリスト教教育の理論と実践」とした。このことは、先生から修士論文の指導を受けた者たちの総意ではあるが、残念ながら諸処の事情により全員の文章を掲載することはできなかった。先生の薫陶を受けた者は、現在、キリスト教教育の学びを経て、教会やキリスト教学校（幼稚園から大学まで）、ユースミッションなど、様々な現場での働きを担っている。そのため、結果的には学術論文以外にも、多様な形式でキリスト教教育に言及する自由さをもった論文集となった。さらに、ご多忙の中、朴先生ご自身にも論文を寄稿して頂き、先生の最新の研究として、これからのキリスト教教育への示唆を受け取る機会を与えられたことは、まことに喜ばしい限りである。本論文集の締め括りとして掲載された先生の論文によって、伝道者・教師としていまだ未熟な者が多い執筆者たちは、今に至って尚、大いなるご指導を頂くこととなった。

本書の企画を快く受け入れ、出版を引き受けてくださった日本キリスト教団出版局の秦一紀さんには心からお礼を申し上げる。これからも朴憲郁先生のご健康が守られ、キリスト教教育をはじめとして、多くのご研究に力を注ぎ、教会や学校、社会へと主イエス・キリストの福音が届けられますようにと、教え子一同祈ってやまない。

二〇一七年一二月待降節

編者を代表して　上野　峻一
田中かおる

目次

第二章　聖書にみる信仰共同体における子どもと教育

（1）旧約聖書

（2）新約聖書

第三章　A教会の実践報告

（1）教会の状況

（2）教会の取り組み

終わりに

キリスト教教育が「日本の地方」で生きるための考察

一九九八年度　修士論文提出　西島麻里子

論者の立ち位置

論　旨

序論的考察

一　日本におけるキリスト教主義教育が直面する問題

二　「神の像（Imago Dei）論」の一考

三　学習指導要領が目指すものとの関連についての一考

まとめ

子どもの創造的発見――ブッシュネル、バルト、ボーレンの人間観を巡って

二〇〇八年度　修士論文提出　大澤正芳

キリスト教教育を通して子どもに教えられる神の愛

二〇一一年度 修士論文提出 江田めぐみ

目次

装　丁　熊谷博人
カバー写真　小林　惠

恵みによって生きる人間の形成

教える説教から共感させる説教へ

――キリスト教教育現場の説教指導に基づく現代説教批判

金　園播

一、はじめに

本小論は、筆者の配偶者である北川一明（日本基督教団正教師、神奈川教区平塚教会牧師）の説教指導についての報告である。北川は明治学院の学院牧師として、十年間にわたって大学、高校、東村山高校、中学校にて学校礼拝説教を行った。その後日本基督教団平塚教会に赴任し、平塚教会附属平塚二葉幼稚園の理事長兼園長を務める。幼稚園教員の行う園児礼拝説教を、キリスト教学校教育に携わった牧師として指導している。

ここで扱っているのは全て幼稚園での礼拝説教である。しかし指導の中で北川の指摘する問題は、教会での牧師による礼拝説教の抱える問題にそのまま当てはまるように感じられた。朴憲郁先生の退任を記念するには本小論の学術的な水準が不足であるのが残念である。それでも、少なくとも取り扱う主題において東京神学大学で実践神学、特にキリスト教教育の分野に責任を負ってこられた先生に献ずることも許されると考えた。

以下では〈二〉において指導対象説教の問題の本質を、一般的な主日礼拝説教との関連で示す。そして〈三〉で具体的な指導例を二例挙げる。最後に〈四〉では〈三〉で取り上げた説教指導例に基づいて、現代礼拝説教の抱える問題とそれに対する対策の一つの方向を示す。

二、問題の所在

指導した説教は、礼拝聖書テキストを設定し、当該聖書テキストの内容を、聞き手の実生活と関連させながら正統教理と合致する形で示そうとするものである。そして最終的には聞き手が神に愛されていることを感じて自分も神を愛そうとすることが目指されている。こうした点では日本基督教団をはじめ正統的な信仰に立つ日本の福音主義教会説教としては、ごく一般的である。

日本基督教団をはじめ正統的な信仰に立つ日本の福音主義教会では、現在はキリスト教伝道が停滞しており、説教の言葉が通じにくくなっていると言われる。しかしここで取り上げた説教例では、園児は良く説教を聞いており、内容もそれなりに把握しているように思われる。それでも園児が卒園した後に信仰を得る例は多くはない。その点では十分な福音伝達が成立していないことにおいて、「伝道が停滞している」という一般の教会の主日礼拝と同等の結果をもたらしていると言える。

北川はこれまでの説教の主流を独自に「教導型説教」と名付け、現代においては説教者が礼拝会衆を「教導」するのは無理になったと考えたと聞く。

旧来の説教は、聞き手に聖書の内容やキリスト教の教理を教え、聞き手をより深い信仰に導こうとする方法で語られる場合が多い。教会では、教理知識や聖書知識に乏しく信仰の浅い信徒に対して聖書の専門家が礼拝聖書テキストからより深いキリスト教信仰へと教え導こうとする。キリスト教学校では、キリスト教信仰を持っていない学生、生徒に対して、信仰者が、入門的なキリスト教信仰を教えようとする。どちらも、以て神を礼拝させようとするのである。

しかし教理の命題は、文章になってさえいれば暗記が可能である。暗記が可能な事柄であれば教え込んで覚えさせることは出来る。ただ信仰は覚えさせることで成立するわけではない。強制的に礼拝に出席させる環境では、教え込むことが信仰に導くのに逆効果になる場合もある。

二十世紀のキリスト教説教界では「帰納的説教」や「物語の説教」が提案された。これらはいずれも福音や教理の内容を教え込もうとしない。北川の説教指導も、教導を目指すものから共感させようとするものへ変えようとするものであったと考えている。

三、説教指導例

A、説教の語られる環境

以下に二編の礼拝説教を挙げ、北川の指導を記す。いずれも二〇一七年五月、平塚教会附属平塚二葉幼稚園での園児礼拝である。

園児礼拝は平塚教会礼拝堂で週に一回行われる。午前九時四〇分から開始され、一〇時には隣接する園舎に戻る。

説教者は、説教・甲、説教・乙ともに未信者教員である。幼稚園教員は教会の礼拝への参加義務は負っていない。ただし雇用主は自由研修的な理由から緩やかな礼拝出席を勧め、また教会は教会学校として幼児の指導を希望している。このため未信者教員は月に一回程度教会学校礼拝に参加し、その後主日礼拝に参加する場合もある。ただ礼拝する目的で主日礼拝のみに参加することは少ないと聞いている。

聞き手は年少、年中、年長組全員で各組約二十名、合計六十名である。他の教員数名および保護者十名前後が礼拝に参加する。

園児は、礼拝の心構えとして秩序正しく静かに説教を聞くよう指導されている。その指導は緩やかであるが行き届いている。園の教育方針が自由教育であり平素は伸び伸びと遊ばせている。そのために、厳しい強制的な指導をしなくとも集中を保つことが出来ているものと思われる。ただし年少組の園児が対応出来るように、園児礼拝は四月には行われず五月から開始される。

特筆すべきは礼拝参加の保護者に他教会の信徒がいることである。他教会信徒は説教者が非キリスト者であることを知っている。従って《非キリスト者の説教をキリスト者が神の言葉として聞かされる》という不自然な逆転が起きている。

B、説教例

1、説教・甲

a、指導前の原稿（ヨハネ福音書第一五章一―五節）

《イ》今日は幼稚園の花壇にある木の話をします。小さな丸い実をたくさんつけて、食べられる物です。

何だと思いますか。それはぶどうの木です。みんなは花壇にあるぶどうの木を見たことありますか。寒い冬の間は葉っぱが散って無くなっていましたが、今は違います。枝に小さい葉や大きな葉がたくさん出てきました。

《ロ》ぶどうの木は天気が良くて気持ちがいいな、枝を思いっきり広げて空を見上げていました。お日さまの暖かい光を枝や葉にいっぱい浴びて、ぶどうの木は大きく息をして、光の栄養を貰いました。そして、風が吹いてくると風の流れのままにぶどうの木はゆらゆら揺れています。風が強くなると、ぶどうの木は枝や葉が離れていかないようにしっかりとつながって、一緒に頑張ります。雨も降ってきます。雨のシャワーを浴びて、お水を飲んで喜ぶのです。

《ハ》ここに絵があります。土の中はどうなっているでしょう。根があります。この根のパイプから木や枝の中にある細いパイプを通り、まるでストローでお水を飲むように「すー」と水や栄養が木のパイプから枝のパイプに流れていき、やがてぶどうの実ができるのです。

《ニ》枝がしっかりと木につながっていなければお水や栄養は枝に流れていきません。もし、枝が折れていたらどうでしょう。大きくなるための水や栄養も流れなくなってだんだん細くなって枯れてしまいます。これではぶどうはできません。

《ホ》枝がしっかりつながっていると、ぐんぐん伸びて葉も元気になり、小さな花が咲いてそれがぶどうの種となります。やがて、小さな実をたくさん付けます。実が大きくなると甘い香りがしてきます。そして、甘いおいしいぶどうになるのです。

《ヘ》イエスさまはおっしゃいました。「わたしはぶどうの木、あなたがたは枝です」。私たちは、ぶどうの枝となって、ぶどうの木であるイエスさまにつながっていると、イエスさまからたくさんの知恵をいただいて、たくさんの実を付けることができます。良い実というのはなんでしょう。女の子が泣いていて、それを男の子が助けてあげました。女の子は涙がとまりました。男の子はうれしくなりました。女の子の助けてくれてありがとうというれしい気持ち、男の子が優しい気持ちになれました。これが実なのです。

《ト》どうしたらしっかりとつかまっていられるのでしょう。それは、イエスさまを大好きになることです。礼拝をして、イエスさまの話を聞いたり、讃美歌を歌ったり、お祈りをすることなのです。私たちの目にはイエスさまが見えませんが、いつも私たちのそばにいて見ていてくださいます。これからもイエスさまにつながっていれるといいなと思います。

b、説教に対する評価の概要

北川の指導では、《段落記号：イ〜ホ》については、次の二点で高く評価した。（1）聖書テキストの内容を過去の教案誌（『成長』）で良く理解している。（2）対象者の理解力に合わせてぶどうの茎を図解するなど、適切に伝えている。

《段落記号：ヘ》については、北川は肯定的に評価しつつ、問題点も指摘した。肯定的に評価したのは園児を良く観察し、キリスト教信仰につながり得る神に喜ばれる点を良く指摘している点である。問題点として挙げたのは二点である。（1）人間には実は分からないはずの「イエスとつながっていれば実を結ぶ」という命題を、非キリスト者があたかも知っているかのように語っている。（2）聖書テキストは「良い実」が何かを明示していない。それにもかかわらず良い実を「うれしい気持ち」「優しい気持ち」と限定的に断言している。具体的に挙げられている問題は断定口調という語り口である。しかし説教者が知らないはずのことをあたかも知っているかのように語っていることが「断定」の問題であり、この問題は（1）と共通する。そこで「たとえば……」の語を補えば断定口調は和らぐが、問題の根本は解決しない。

《段落記号：ト》についても、非キリスト者である説教者が聞き手を指導するような語り口に違和感があることが指摘された。

c、説教に対する評価の詳細

上で北川が指摘した問題は、説教者が聞き手を教導するという説教観で行われる多くの説教に共通する。説教の論述内容それ自体は正統教理から外れているわけではない。しかし当該幼稚園の場合は、説教者が非キリスト者である点で大きな問題である。説教者自身の信じていないことを教えていることになるからである。説教者が非キリスト者であることを知っている保護者には、かえって不信感を抱かせる危険がある。

では説教者が牧師などキリスト者であれば問題ないかと言えば、必ずしもそうとは言えない。キリスト者であれ非キリスト者であれ、述べられている正統教理を知的に諒解することは出来る。しかしその真偽については、神でない限り判定出来ない。そのことは主日礼拝説教の場合でも同じである。聞き手は説教者が神を見たわけではないことを知っている。

正統教理を述べるだけでは、教会が教理知識を一方的に説明するに過ぎない。だからと言って説教者が正統教理を自身の所有する真理として語るならば、聞き手は不信感を抱く危険がある。説教者が神ではないことは明らかだからである。

d、改善指導

上の問題を解決させるために、北川は、説教者自身にとっての真実のみを語ることを基本とするように指導した。説教者は神の真実を知っているわけではない。しかし神を見たことのないままでも、正統教理が真実であると確信を持つ場合がある。そうした説教者の経験が説得的に語られれば、聞き手は納得し得る。そう考えての指導である。

具体的には、以下の修正案を示した。削除すべき箇所を二重取り消し線（~~二重取り消し線~~）で、追加箇所を横線で示した。

《段落記号：へ》イエスさまはおっしゃいました。「わたしはぶどうの木、あなたがたは枝です」。私たちは、ぶどうの枝となって、ぶどうの木であるイエスさまにつながっていると、イエスさまからたくさんの知恵をいただいて、たくさんの実を付けることができ~~ます~~るのだそうです。私（説教者）は、教会でそう教えてもらいました。では、良い実というのはなんでしょう。幼稚園で、こんなことがありました。女の子が泣いていて、それを男の子が助けてあげました。そうしたら女の子は涙がとまりました。男の子はうれしくなりました。女の子の助けてくれてありがとうといううれしい気持ち、男の子が優しい気持ちになれました。そんなみなさんを見ていると、これが実なの~~です~~だな……と感じました。

《段落記号：ト》どうしたらしっかりとつかまっていられるのでしょう。それは、きっとイエスさまを大好きになることです。礼拝をして、イエスさまの話を聞いたり、讃美歌を歌ったり、お祈りをすることなの~~です~~だと思います。私たちの目にはイエスさまが見えませんが、いつも私たちのそばにいて見ていてくださ~~います~~るのだそうです。これからもイエスさまにつながっていれるといいなと思います。

2、説教・乙

a、指導の原則

他の説教についての北川の指導は、肯定的な評価をした面も、また問題として指摘した部分も、事柄の本質は上の説教・甲と同じである。聞き手の理解力に応じて適切に表現している。しかし、信じていないはずの事柄を述べているまとめの部分には問題がある。

そこで北川は「……と思います」という言い方を勧めた。

説教・乙では指導に基づいて書き改められた最終稿のみを以下に掲げ、指導が強く反映された部分を二重線で示した。

b、マタイ福音書第一八章二三―三五節の説教

《イ》ある国の王様のお城に家来が呼びつけられていました。王様はいろいろな人にお金を貸していましたが、その中でもこの家来には王様のお城が買えてしまうくらいたくさんのお金を貸していました、なので王様は早く返して欲しくてたまりません。そこで王様は家来に「あなたはたくさんのお金を借りている。早くお金を返しなさい」と言いました。すると家来は頭を床に付けて「すみません。今はお金がなくてとても困っています。でも、お金を返せるようにたくさん働いています。どうか、もう少しだけ待っていただけませんか。お願いします」と何度も頭を下げました。そんな家来をみた王様はなんだか家来がかわいそうになってきました。

《ロ》そして「わかった。よし、あなたを赦してあげよう。お金はもう一円も返さなくていいですよ」とたくさんのお金を借りたのに返さない家来を赦したのです。家来は「ありがとうございます」とまた何度も頭をさげました。そして王様のお城を出ると、「あーよかった。あんなにたくさんのお金を借りたのに返さなくてもいいなんて王様って本当にやさしいな」と嬉しそうに家まで歩いていました。

《ハ》その途中、家来は友だちに会いました。家来はその友だちにお金を貸していたことを思い出しました。その友だちはこの家来に少しのお金を借りていました。さっきの王様のお金と比べ物にならないくらいすこしでした。しかし、家来は友だちに「おい、そういえばこの前貸したお金返してくれていないじゃないか。早く返せ」と言いました。しかし、友だちは「ごめんなさい。今はお金が何もなくて返せないんだ。もう少し待ってくれないか」と頭を下げました。さっきは自分がたくさんのお金を返せませんと謝った時、王様に赦してもらいましたが、この家来はそんなことを忘れてお金を返さない友だちに「だめだ。すぐに返さないと牢屋にいれるぞ」と全然赦してくれず、ずっと怒っていました。

《ニ》この様子を見て「なんてひどい人なんだ」と思った人が王様の所へ行き、家来とその友だちの話をしました。それをきいた王様はカンカンに怒り「家来をここへ連れてきなさい」と命令し、お城に家来を呼びつけました。「私はお前があんなに頭を下げて頼むから赦してやったのにお前はどうして友だちを赦せなかったのか。それでは、お前が私に借りているお金を返してもらうぞ」と王様は言い、友だちを赦せなかった家来は牢屋に入れられてしまったそうです。

《ホ》神さまは私たちが悪いことをしてしまった時、神さまにごめんなさいとお話をすると神さまは赦してくださると私は教えてもらったことがあります。しかし、私たちはごめんなさいと謝られた時、赦してほしいと言われた時、怒っているとなかなか相手のお友だちや周りの人を赦すことができないときがあります。そんな時は私たちに人を赦せる心、力を神さまが与えて下さることをわたしたちは信じていきたいと思います。

四、まとめ

A、教導型説教の問題

上の説教の説教者はいずれも非キリスト者であり信仰を告白はしていない。しかし正統教理に反対しているわけではなく、むしろ正統教理を理解しようとし、また尊重している。ただし正統教理を十分に理解し、納得しているという訳ではない。

牧師、信徒などの説教者が説教する場合、説教者は正統教理を一応「信じている」はずである。しかしキリスト教を信じていることとキリスト教教理を完全に理解し納得していることとは同じではない。むしろ神を完全に理解することは人間には出来ない。また神の御言葉に完全に納得することも困難である。説教者も人間である以上、そう考えるべきであろう。

すると牧師の説教と非キリスト者教員の説教とは、神の前では理解に程度の差があるだけで、完全に理解しているわけではないことをあたかも知っているかのように装って説教するという点では、質的には全く同じである。たとえば説教・甲にある、「我々はイエスとつながっていれば実を結ぶことが出来る」という命題は、信仰者がその真偽を知っているわけではない。信仰者は教会からこの命題が真であると教えられ、それを受け入れようとしながら信仰生活を送ってきた。その結果、真と思える体験をした場合があるというに過ぎない。

自分には真理と感じられたに過ぎないことを、他者に説教する時には「絶対の真理である」と、あたかも全てを知っているかのように断言する説教は多い。それはすなわち、説教者が実は知らないことを真理として断定的に語っているということである。

説教者が真理を所有していないことが既に明らかである中で、こうした「教導型説教」に説得力があるかが問題である。

B、説教者の権威の問題

説教者が神の立場に立つのは、説教者に付与された説教の権威の問題と関係する。そこで説教者が神に成り代わって語ることを、一概に否定することは出来ない。教会論、教職論で詳しく検討すべきかもしれない。ただ、説教者がただの人間であることが明確になった現代では、こうした方法では聞き手は納得しにくくなった。その結果、二十世紀には「帰納的説教」や「物語の説教」など、権威をもって断言する以外の説教方法が模索され始めたのであろう。

C、教導型説教の聞かれかた

主日礼拝の礼拝会衆は、教会の礼拝では福音の真理を真理として感じる体験がしたいと願っている者もあろう。しかし幼稚園、教会学校、キリスト教主義学校などでは福音の真理に関心の無い者、はじめから教理を迷信であり虚偽であると信じ込んでいる者さえある。

どちらの礼拝会衆に対しても、正統教理を示すことは、従来通り必要である。しかし正統教理を「真理である」と神に成り代わって断言することが最善の方法とは思えない。

聞き手が幼児であれば、大人が事実であるかのように語れば信じ込ませることも可能である。しかし幼児が成長した後で「キリスト者たちに騙された」と思うこともあり得る。

そうした断定的な「教導型説教」を聞いた時、聞き手が大人であれば「牧師が職業的宗教家としての社会的な役割をこなしている」と受け取る可能性がある。そうした聞き方を引き起こしては、聖書を神の言葉として聞かせることは出来ない。

D、これからの説教：共感型説教

こうした「教導型説教」に対して、「帰納的説教」は教理を真理と実感した体験を語る。また「物語の説教」は、物語として語ることで、教理を真理らしいと漠然と了解させる。こうした方法が、情報の普及した現代にあっては適切と思われる。

具体的には、「……です」と一般論として断定するのでなく、正直に「……でした」と体験を体験として過去形で語る。また自分が感じたことは「……です」と断定するのでなく、「……と私は感じました」「……と私は思いました」と事実のままに報告する。そうすれば聞き手は説教者の体験や発想を追体験し、より抵抗なく福音に与る経験を共有出来ると思われる。

こうした視点に立てば、さきの北川の指導は適切だったと思う。

北川の指導によって修正された説教は「……思います」「……感じました」という言葉が多用されている。私は、かつて「説教者が確信がないように感じられるので、説教で『思います』という言葉は使うべきではなく『……です』と断言すべきだ」と指導されたことがある。しかし「……思います」を多用したこれらの説教は、信頼感が薄れたと言うよりは、むしろ逆に安心して聞ける信頼出来るものになったように私には感じられる。

E、おわりに

朴憲郁教授の最初に指導を受けた学生として、筆者は本論集への寄稿を要請された。しかし実際は、朴先生が東京神学大学で修士論文指導を受け持ったのは筆者の修了の翌年からである（筆者は一九九五年三月に東京神学大学大学院神学研究科博士課程前期課程を修了した）。筆者は制度上は熊澤義宣教授に主査になっていただき、実際には朴先生にご助言をいただくことで課程を修了することが出来た。こうしたことから、ただでさえ力量不足の筆者に対して、熊澤、朴、両先生ともにご自身の納得するまで指導し切れなかったであろうと申し訳なく思っている。

本拙論の内容が十分でないことははじめに述べたが、朴先生に献ずる論集を穢すことは痛惜の念にたえない。それでも先生の指導によって今を得ていることには深く感謝し、先生の今後のご活躍を祈念する次第である。

教会における教育的使命――神の家族として育てる

田中かおる

はじめに

日本の伝道の問題点

日本の教会（またはキリスト教界）において「信仰継承」ということへの拒否反応が根強くあり、それがキリスト教伝道の不振の一因なのではないかと、論者は考える。「信仰の個人化（信仰は継承されるものではなく、個別のもの、個が主体的に受け取るもの）」という言葉をよく耳にした。確かに、キリスト教信仰は、押しつけられて「入信」できるものではない。「神と私」という個別の出会いや神との関わりなしには洗礼には至らない。しかし一方で、個人が神と出会うには、福音伝達の器となった「教会」の働き抜きには考えられない。そして「教会」には、初めから「教育」という働きが備わっていた。教会には「教育的使命」が初めから託されていたことは、聖書に明確に示されている。そういう教会の営みを、まるでなかったかのようにしてキリスト教（あるいはキリスト教教育）を論ずることは、本来、不可能である。従って、本論では、まず「教会の教育的使命」、特に「信仰共同体における子どもの教育」について再確認する。更に、その「教育的使命」を如何に展開するかのひとつの事例として、A教会における活動を紹介する。

第一章　教会の教育的使命

J・D・スマートは、教会の重要な機能のひとつに信仰の「教育」という使命があるという。彼は、「説教すること（preaching）」と「教えること（teaching）」とは、いずれも教会にとって欠かせない機能であるとし、どちらも方法は異なるが「神の言葉に仕える」という点では一致しているとする。そして、双方を有機的な関連のうちに機能させることこそが、教会の本来の使命でもある、と主張している。

教会の信仰の「教育」という使命について、スマートは以下のように述べている。「教会は説教せねばならぬと同じように教えねばならぬ。さもなくば教会でなくなる。〔中略〕教えるということは教会の本質に属するもので、教えることを怠る教会は、教会としてかけがえのない何かを失ってしまう。これを欠いている教会は、福音がその純正さをもって説かれない教会や聖礼典が正しく守られていない教会と同じように、欠陥のある教会である[1]」。スマートは、「イエスの御業で説教（preaching）と教育（teaching）との間にはっきりした区別をつけることはほとんど不可能である[2]」とし、また使徒たちに関しても「説教者であったただけでなく同時に教師であり、そしてその説教し、教えるところは同じ福音であった[3]」と述べる。イエス自ら福音を「教え」（マコ一・一二他）また教会もイエスの福音を「教える」（使徒二・四二他）ということを大事な使命としてきたことを指摘する。

スマートが、教会とは何かということを語るにあたって、「説教（preaching）と教育（teaching）」の両方の機能が大事ということを主張するには、わけがある。それは、信仰は教えられて育つものではないという風潮が強まり、教会の信仰教育的機能を、削ぎ落とす傾向が強まったことに対して、「そうではないはずだ」と主張しているのである。確かに、「形骸化した信仰教育」と「それに対する反動」ということは、教会の歴史では繰り返されてきた。しかしスマートは、教会（信仰共同体）の原点に立ち返るならば、聖書の民である信仰共同体には、初めから「宣べ伝えること」と「教える」ということは、ほぼ、セットになって機能していたはずだ、と指摘するのである。それは、聖書に明確に表されている、という指摘である。

さて、日本の神学者・高崎毅は、教会を「教育共同体」として捉えた。教会は「主の委託に答えてキリスト教教育の営みを地上にはじめた」とし、その原型となったのは、「旧約、ことに後期ユダヤ教の作り上げた教育であった[4]」と解説する。高崎は、そもそも、「深く教会の生命に根ざした教会の機能」として「キリスト教教育」の営みがある、とする。高崎は、キリスト教教育は、単なる技術ではないし、また、日曜学校やミッション・スクールの営みのことだけをいうのでもない。そうではなくて、「教会の二千年の歴史、さらにさかのぼれば教会の原型としての旧約の民にまで至るその流れの中で、教会は人間形成のさまざまな課題に遭遇し、これをさまざまな形で解いて来た。そのすがたは単なる日曜学校やミッション・スクールのわくをこえたものであって、その豊富さは人の目をおどろかすものがある[5]」と説明する。そして、「キリスト教教育が教会の生命に根ざすということは、教会の聖典《ママ》である聖書と生きたつながりをもっているということに他ならない[6]」と指摘する。高崎は、教会は、その源流のユダヤ教の時代から「教育共同体」であったことを指摘しつつ、教会の地上での営みの「キリスト教教育」は、教会をその場所とした人間形成の営みだと主張するのである[7]。

このように、教会にはそもそも「教育」という機能がある、という認識は、スマートと高崎に共通している。しかも、それが聖書に根拠を持つ、という点においても共通している。教会が信じ、告白してきた「福音」の内容を、教会が有する「教育」という機能と密接に関係させながら伝達してきたことを両者とも指摘する。

更に、高崎は、教会の営む「キリスト教教育」は、単なる伝達ではなく教会の生命に深く根ざしたところの「人格教育」でもあることに注目している。

以下に、（1）教会の源流であるユダヤ教（旧約聖書）における教育、（2）それを受け継いでいるイエスと原始教会（新約聖書）における教育、（3）原始教会以来、教会が福音の内容を伝えるために保持してきた三つの要素を実践神学の視点から確認する。

（1）旧約聖書において

教会の信仰に関する教育的使命について考える時に、教会のルーツでもある旧約聖書時代のイスラエル信仰共同体の教育の特質を知っておく必要がある。

まず、並木浩一は、イエス以前のイスラエル共同体において、そもそもその始まりから、宗教と教育が不可分であったことを指摘している。しかも並木は、その教育のイニシャティヴを取ったのは神自身であることが大きな特徴であることを主張する。「イスラエル民族の教育には、神の民族教育が先行する。神がまずイニシャティヴを取る」[8]と述べ、「旧約聖書の教育観の根底にある神のイニシャティヴは、祝福を受けるに値しない者に対する神の選びと祝福であること」[9]とする。つまり、旧約聖書の時代において、神ご自身がその民の信仰を教育し、導いてくださるお方であることが、イスラエル信仰共同体においてのアイデンティティであった、というのである。

並木は、モーセ五書には、ヤハウェ信仰の基本を子らに教えることを父親の神聖な義務としていたことが顕著にあらわれていることを指摘する（申命記六・六―七「今日、わたしが命じるこれらの言葉を心に留め、子供たちに繰り返し教え、家に座っているときも道を歩くときも、寝ているときも起きているときも、これを語り聞かせなさい」)。

並木の主張によれば、イスラエル民族の民族教育は、そのまま信仰教育であり、それを担う場は当初は「家庭」であった。しかし、それは信仰教育が単なる個人的な営みではなく、共同体の営み、即ち公的な営みであったという。[10] しかも大事な点は、その教育のイニシャティヴをとるのは神である、ということである。

一方、高崎も、教会の教育的営みの原型は、旧約聖書における後期ユダヤ教における教育にある、[11] と述べる。イスラエルは、教育共同体としての自覚をもっていた。そこには、社会的変化に伴う変化もあるが、歴史的には一貫した特徴がある、と指摘する。ひとつには、「イスラエルが、選民として、その共同体の新しい成員を、常に新たにこの契約の担い手として正しく教育する責任を忘れなかったこと。二つ目には、その具体的責任が、多少の重みの差はありながら、家族に課せられていたこと[12]」をあげ、この二つの間には矛盾は認められなかった、と指摘する。

(2) 新約聖書において

このようなイスラエルの伝統の中で育ったイエスは、自ら福音を「教える」ものであったし、そのイエス・キリストの福音を受けとめた教会も、信仰と教育が不可分であることを素地にもつ信仰共同体であったことは、新約聖書においても明らかである。

それは、ひとつには、「教師としてのイエス」において明らかである。スマートは、福音書がイエスの地上の業を報告するにあたりイエスの「教師」としての側面にしばしば言及していることを指摘している。[13]

二つ目は、初代教会（early church）[14] での様子においても明らかである。初代教会は、イエスの福音を宣べ伝えることと、同時に、信徒を育てるために力を注いでいた。人々が信仰告白し洗礼に至るまでの教育と、洗礼を受けた後も具体的な生活の問題、具体的生き方において、丁寧に指導していたことが、聖書の報告に表れている。たとえば、使徒言行録二・四二に書かれていること、即ち、「彼らは使徒の教え（τῇ διδαχῇ）、相互の交わり、パンを裂くこと、祈ることに熱心であった」という記事は、その様子を表すひとつの資料である。この箇所は、使徒言行録の著者のまとめの句といわれている箇所のひとつで、ここに初代教会が何を大事にしていたかが凝縮されて報告されている、と言われている。他にも、初代教会には「家庭訓」といわれる記事がいくつかある（例えば、エフェソ五・二一―六・九、夫と妻、親子への訓戒）。また、マルコ一〇章は、共同体の教えとして「結婚・子ども・財産」についてひとつにまとめられたもの、即ちカテキズム（教理問答書）であるとの解釈もある。[15]これらの箇所は、初代教会が洗礼後の信仰教育に力を注いでいたことの痕跡であるといえよう。洗礼を受けたらそれで完了ではなく、むしろ、洗礼を受けた後のキリスト者としての生活や生き方が大切であることを初代教会は自覚していたことの表れといえる。また、松川成夫は、新約聖書独自の教育概念として、パイデイア（παιδεία：教育、薫陶、しつけ）という概念があることを指摘する。[16]例えば、ヘブライ一二・五には「主の鍛練（παιδείας κυρίου）を軽んじてはならない」（口語訳聖書では「主の訓練」）、と強い勧めの言葉があるが、「これは旧約聖書、箴言三・一一からきている言葉であり、教育者としての神について語っており、信仰生活における苦難は神の愛の証拠である」と解説している。松川は、これらの箇所において「主の薫陶（παιδεία κυρίου）」が鍵の言葉であることを指摘する。いずれも新約聖書の定型である「主にあって（ἔν κυρίου）」ということをひとつの教育学的な事柄の関連の中に応用した、と分析している。

三つ目は、「ケリュグマ（κήρυγμα）とディダケー（διδαχῇ）」の関係においてである。C・H・ドッドは、初代教会は明確に「ケリュグマ（宣教：κήρυγμα）とディダケー（教え：διδαχῇ）」を区別していた、ということを提唱した。[17] ドッドによれば、ケリュグマ（宣教、使信、説教、告知、布告）とは、「神がその民を訪れて、これを贖われた」[18]ということに主要点があり、神の国の到来を告知するイエス自身がケリュグマの内容であることを説明する。それに対して、ディダケー（教え、教訓）は、多くの場合、教会内部における信徒あるいは求道者に対するキリスト教倫理・道徳、教会内の慣習等に関する「教訓」を意味する、[19]と説明されている。ドッドは、ケリュグマを「非キリスト教世界へのキリスト教の公開宣言」[20]（外へ向かっての宣教）、ディダケーは「護教的」ともとれる内側（教会内部の信者）に対する倫理的教訓とみており、初代教会はこの二つを明確に区別していた、と提唱する。

しかし、スマート、高崎、松川は、それぞれにドッドの提唱に対して、完全な二者の区別、分離論には異議を唱えている。二つの言葉に集約される初代教会の理解や実践は確かにあったであろうと認めた上で、しかし、この二つのことは、完全に分離されていたかというと、必ずしもそうではないはずだ、というのが三者に共通した見解である。

まず、スマートは、聖書の脈絡から二者はむしろ相互に関わりあって機能していたことを指摘し、ドッドの見解が「教会における教える業の地位を正しく理解するのに大きな妨げを来すようになった」[21]という問題提起をしている。スマートは、神の言は人間に二つの奉仕をまず要求する、とし、「その第一は彼らに臨んだ神の言を宣べ伝えること〔宣教〕であり、第二はこれを教えること〔教え〕であった。この奉仕のいずれを欠いても、それは神に対しての不信であって、必ず宣教がなければならず、同時に教えることがされねばならないのである」[22]と主張する。両者は、方法は違うが「神の言に仕える」という点では一致しており、「説教も、教えることもその内容は同じ」、即ち「イエス・キリストでなければならぬ」と言う。スマートはむしろ、ケリュグマとディダケーの双方が不可分で、信仰共同体は、もともと二つの機能を神から託されているし、相互に作用しあってきたはずであることを主張する。しかし、ドッドの主張は、双方の違いを際立たせることに主眼があり、その結果、本来は二者が相互に作用しているという点が削がれてしまい、教える業は、単なる信仰者の倫理を教える、ということに限定してしまう傾向に導いてしまった、と指摘する。スマートは、「聖書には『イエスがキリストであることを、引きつづき教えたり、宣べ伝えたりした〔口語訳聖書〕』と書いてある」(23)ことを指摘し、この教会の二つの機能こそが「教会の使命」であることを教会が自覚し直すことと、教会の機能として回復することこそが求められている、ということを主張している。

一方、高崎は、キリスト教教育の観点からいえば、キリスト教教育とはケーリュッセイン（宣べ伝える：κηρύσσειν）の行為にも、ディダスケイン（教える：διδάσκειν）の行為にも伴って行われるものであることを強調。高崎は「教会が教育共同体として自覚して来た場合、そのキリスト者形成のわざの内容として二つの機能的区別をもったもの、つまり人はいかにして救いと恵みにあずかるかということと、いかにしてこの恵みにふさわしく生きるかということを、自覚的にとり上げるようになった」(24)ことを指摘し、そのキリスト教教育の場として、「共同体としての教会、とくに礼拝」と「家庭」を挙げている。(25)即ち、教会そのものが教育の主体であったばかりでなく場所であったことは明らかであり、また共同体の自覚と生命の表現の中心は礼拝であったことから、礼拝がキリスト教教育の中心的位置を占めていたことは間違いないであろう、と指摘する。高崎は、キリスト教教育の営みは、共同体としての教会において（特に礼拝において）、また、家庭において、「宣べ伝える」行為と「教える」行為は、初代教会の時代から自覚的に営まれていたことに注目し、ドッドのように二つの行為の区別に重点をおくのではなく、むしろ教会は、双方の営み（高崎はこれを「キリスト教教育」と表現する）こそが教会を教会たらしめてきたことに注目するのである。

更に、松川もスマートの主張を支持し、次のように述べている。「実は説教も教育も両者とも神の言への奉仕においては同じであり、従ってその内容において差異はない。説教は人びとに罪と不信を悔い改めさせ、救いのおとずれを受け入れるように呼びかけることであり、教育は主として信者や、信者の子供でまだ不信仰なものをもってはいるが、両親の感化のもとにある程度の信仰をもっているものに対して行なわれる。けれども教育は不信仰者に対しても効果的な導き方である」。従って、松川は「宣教と教えとは区別しなければならないが、分離することはできない」(26)とする。松川は、パウロの言葉（「このキリストを宣べ伝え、知恵をつくしてすべての人を訓戒し、また、すべての人を教えている」（コロサイ一・二八）を引用し、魂への配慮・牧会的配慮（ゼールゾルゲ：Seelsorge）こそが、教育的伝道の中心である、と主張する。そして、松川は「田村直臣はこれ〔＝二十世紀大挙伝道の結果としての大リバイバルのこと。一回の伝道で多くの回心者が生まれたが、多くはすぐ信仰を失ったのみならず、回心者の中から犯罪者も出た〕に反対して宗教教育の立場をとった。これをひきついだのが〔我が国の〕教育的伝道である」(27)と、わずか一行だけだが、田村に言及している。松川の目指した「教育的伝道」の営みの日本での先駆者に、田村を掲げていることは、示唆に富む。

（3）実践神学の視点から

以上、旧新約聖書の脈絡から教会の教育的機能を確認してきたが、この項においては、教会の機能を実践神学の視点から確認する。

まず、高崎は、原始教会（イエスの使徒たちが生きていた時代の教会。紀元三〇～一〇〇年まで）の基本的性格は、どちらかというと「宣べ伝える教会」の要素が強くでていたが、二世紀に入って教会は「教える教会」の色彩が濃くなったと分析する。つまり教義的・倫理的に定型化されたある体系を伝え、それによって人を形成し訓練し生きさせようとすることを主たる目的とするようになった(28)、と分析する。教会史的には、古カトリック教会の成立であり、具体的には、信条の形成、聖典（ママ）の形成、教職階級の形成としてあらわれてきた、と説明する。高崎はその中で、「カテケーシスの成立」に言及している。「教える教会」の教育の中心にカテケーシス（catechesis：高崎は問答示教教育、入門者教育などと訳される、と説明している）があり、これは二世紀以降、明瞭な形をとった教会の信仰への導きをなす教育を意味するものであり、新約時代にみられた教会教育のモチーフを定型化したものとみてよい、と説明する。それは、いわゆるケリュグマとディダケーを、特定の制度と方法を通して教えたものだ、という。更に、古ローマ信条（使徒信条の原型に相当するもの）等の成立には、カテケーシスが強く働いただろう、と推測している。

このカテケーシスを含む「教会の三つの用語」ということを、T・J・ヘイスティングスは提唱した。ヘイスティングスの分析は、教会の教育的使命を考える時に、我々に分析の観点を与えてくれる。それは、すでに「ケリュグマとディダケー」の項で確認したことだが、「宣べ伝える」行為（福音の告知）と、「教える」行為（信仰教育）とは、本来、相互に作用するものであり、それ自体が双方とも教会の営みの生命線である。それ故、この二つのことが有機的に機能する上で、教会は次の三つのことをずっと営んできた、というのがヘイスティングスの分析である。教会がそれを自覚的に受け取り直し、自覚的に実践することこそ、教会の課題である、とヘイスティングスは提言する。

ヘイスティングスは、教会の信仰教育の実践は、以下のような三つの用語に要約されると、説明している。[29] それは、以下の通りである。

①「信仰伝承」（The tradition of the gospel）：信仰共同体である教会の信仰の内容であり、それは即ち「福音」である。教会が何を信じ、告白するかの内容であって、言いかえれば教会のメッセージそのものである（Ⅰコリント一五・三以下の「復活伝承」、Ⅰコリント一一・二三以下の「聖餐伝承」等）。

② 「信仰の継承」（passing on the gospel）：信仰共同体である教会が、次世代の子どもたち、求道者、改宗者や受洗者に対して、主に託されている信仰を継承する情熱的な志を伴う行為が「信仰の継承」である（申命記六・四―九、エフェソ六・一以下等）。

③ 信仰育成としての「カテケーシス（catechesis）」：「信仰の継承」が行われる教会の特定の教育的実践の過程（＝教育）をいう（洗礼カテケーシス等）。

ヘイスティングスは、この三つは初代教会の時代からずっと教会が大事にしてきたことであり、この三つのことを教会が自覚し実践することが要になる、と主張している。ヘイスティングスはまた、「教会はずっと信仰の継承と及びその失敗との緊張関係を経験してきた。しかし、初代教会は、信仰を教える任務は主の直接命令（マタイ二八・一六以下）と信じて受け止めた[30]」と、説明する。

以上、教会に託されている「信仰教育（またはキリスト教教育）」、「教会教育」という役割の重要について確認した。

第二章　聖書にみる信仰共同体における子どもと教育

次に、信仰共同体における子どもの理解と信仰教育のあり方について、聖書の記述からいくつかの点を確認する。

(1) 旧約聖書

旧約聖書において子どもをどういう存在として理解しているかについては以下のことを挙げることができよう。

①本来、子どもは神からの賜物、祝福そのものである（創世記一・二八、詩編一二三・三等）。
②しかし、子どもも「罪」の問題から免れない存在である（創世記八・二一等）
③そして「罪」の問題を解決できるのは人間の力ではなく神ご自身（詩編五一・三―四等）と捉えている。従って教育の必然性はここにある。神を知る為の教育（十戒、申命記六・六―七、箴言一・八等）や祭儀への参加（出エジプト記一二・二四―二七等）を通して、信仰共同体の子どもたちは「神」を畏れる者として育てられてきた。聖書の信仰共同体は「信仰継承こそ最大の使命（次世代に残せる最大の財産）」ということをよく知っていた。並木浩一はその共同体の特質を「宗教と教育がこの民族において結びつけられた[31]」と指摘し、更に「イスラエル民族の教育には、神の民族教育が先行する。神がまずイニシャティヴを取る。〔中略〕この神は、その全存在を傾けて民を相手にする『共演者』であった[32]」と説明している。

（2）新約聖書

次に、新約聖書においては以下の点を挙げることができよう。
①まず、イエスが生きた時代のユダヤ教の人々は誤った律法主義に陥っており、律法の形骸化が起こっていた。細かな規則を守っているかいないかに固執し、律法の本来の精神（先行する神の愛に応答する行い）から離れてしまっていた（例：律法を完全には守れない子どもは神の前に無功績、という理解等）。
②しかし、主イエスの言動は、その誤った律法主義から人々を解放した。たとえば、マルコ一〇・一三―一六）においてであるが、主イエスのもとに子どもたちを連れてきた人々を弟子たちが叱ったのだが、主イエスは、その弟子たちを諫めて「子どもたちを私のところに来させなさい」といい、子どもを招いて抱き上げ、手を置いて祝福した。このようにイエスが具体的に子どもを受容し、祝福したことの意義は大きい。また、一方で、イエ

スが「子どものように」という時には、子どもは自分が無力であるが故に保護者に全幅の信頼をよせるがごとく、大人も自分の無力を認め、神に全幅の信頼をよせて身を委ねよ、と教えている。「子どものように」という場合は、決して子どもを美化しているのではないのである。

③ 初代教会時代には、イエスに倣って「子どもも信仰共同体の一員」という理解が浸透していたことが窺える（「全家の受洗」はその良い例である。使徒一六・一五、三三、一八・八、Ⅰコリント一・一六等）。そして、やがて共同体において受洗教育が確立していく。

④ 信仰の継承は、教会誕生当初から意識されてきた（Ⅱテモテ一・五等）。旧約時代の共同体の伝統に引き続き、教会の「礼拝」は、子どももその一員として参加していた痕跡が窺える。

このように、聖書においては、「信仰の継承」は信仰共同体の生命線であったことが明確である。十九世紀になって、H・ブッシュネルは、次のように述べている。

「神は、親たちに、理性的被造物として、すべての可能な利得を子孫に伝えることを託した。親たちは、他のあらゆるものにまさって価値のあるもの――親の原理と信仰――以外に、何をより注意深く伝えるというのだろうか？」[33]

ブッシュネルが指摘するように、最愛の子ども（次世代を担う子ども）に人生の最も大切なこと――神を知ること――を伝えることが、信仰の継承の根本精神といえよう。

以上のことを踏まえて、「教会の教育的使命」をＡ教会においてどのように実践してきたかを報告する。

第三章　A教会の実践報告

（1）教会の状況

A教会は、二〇一四年度で設立五十年、会員三十四名、年間平均礼拝出席三十八名（内、子ども六名。二〇一三年度[34]）という規模の教会である。また、A教会の立地条件は交通の便が非常に悪く、来会者は車を利用し、子どもや中高生が一人で来るのには困難な場所にある。また、幼稚園などの付帯施設はない。地域は、他宗教（仏教、創価学会など）の色彩が濃く、キリスト教への関心は薄く、逆に警戒心を持つ風潮もある。そうでありながら、団塊の世代の人々が子ども時代には教会学校は盛んであった（最盛期には教会学校年間平均出席者三十八名）。しかし、一九八七年〜一九九四年、教会学校年間平均出席者は三名に減少、一九九五年〜一九九八年はついに休校となった。教会全体でいえば、一九九七年度は現住陪餐会員二十六名、成人礼拝出席は年間平均二十名という状態であった。

（2）教会の取り組み

一九九八年に筆者が主任牧師として着任して以来、教会は何よりもまず「礼拝共同体」であること、また大人も子どもの「神の家族」であることを確認してきた。まずは礼拝を整えることに力を注ぎ、それに伴って子どもたちとの関わりを以下のように整えてきた。

①　礼拝はひとつ——老いも若きも一緒の礼拝

信仰共同体は即ち礼拝共同体である。キリストに連なる神の家族として、子どもも大人も一緒に礼拝を守る、ということは教会が初代教会時代から実践してきたことである。大人が神の前に頭を垂れる姿の中に子どもも身を置く礼拝こそ、最大の教育の場である。そういう自覚のもとに、一九九九年から、この形で礼拝を守るようになった。一方、子どもの成長発達に即した工夫もしている。礼拝プログラムに子どもさんびかや子どもメッセージを取り入れ、子どものための「子ども週報」も用意して、礼拝に参加しやすいよう工夫している。また、成人のための説教の間は、子どもたちは別室で過ごすことができるよう、配慮している。

②　子どもたちの礼拝後の交わり

従来の教会学校でいえば礼拝後の「分級」に該当する活動を、幼小科（小枝会）と中高科（若枝会）にわけて、礼拝後に行っている。子ども礼拝委員が担当し、その日の説教の振り返り（主に中高生）や、教会の裏庭に作物や植物を植えて収穫を楽しむ、などの活動をしている。

③　親子カテキズムの会・個別のカテキズムの会

礼拝をより豊かに守ることができるよう、親子（希望者）または個別のカテキズムの会を、月一回、土曜日に、牧師担当で行っている。テキストは『はじめてのカテキズム[35]』や『10代と歩む　洗礼・堅信への道[36]』である。知識を詰め込むことが目的ではなく、礼拝で行っていること、また教会が告白していること、キリスト者が信じていることの内容を、聖書を開きながら子どもの成長発達に即した言葉で伝え、共に確認している。毎回、子どもたちが喜んで聖書を開く姿をみるにつけ、「親子で聖書を開く」「共に聖書を読む」という行為そのものにも意義があることを確認できる幸いなひとときである。

④　裏庭クラブ

二〇一二年に会員有志が裏庭に作物を植えることを提案。以来、種植えや栽培、収穫を子どもと大人が一緒に楽しんでいる。自然の恵みを享受しながら「わたしは植え、アポロは水を注いだ。しかし、成長させてくださったのは神です」（Ⅰコリント三・六）を教会一同、実感している。

⑤　子どもイースター&子どもクリスマス

毎年、イースター前日とクリスマス直前に、子どもたちのための集会をしている。約二十〜三十名の子どもたちや保護者が集まる。普段礼拝に来ている子どもたちの友人や、会員子弟やその関係者、また地域の子どもたちなどが参加している。毎週の日曜日礼拝は来ることができなくても、この時なら来ることができる、という人たちを意識して誘っている。長年にわたってのリピーターもいる。『ちいさな子どもたちと礼拝』[37]のテキストによる礼拝を守り、その後、イースターエッグ作りやクリスマスクッキー作りなどをしている。普段、礼拝に来ている子どもたちが、自分たちの友達を誘う、という意識が育ってきている。

⑥　子ども礼拝委員会（スタッフ会）

従来の「教会学校教師会」に該当し、子どもたちのためのプログラムや子どもに関わること全般を牧師と一緒に担う委員会である。主日礼拝における成人説教の間、子どもたちを交代でみる「子ども当番」も担当する。

以上が一九九八年以来のA教会の取り組みである。②〜⑥は普段の礼拝をより豊かにするための営みであり、礼拝を目指した営みである。教会全体で子どもたちを「神の家族」として育てるという意識が強められることを願っている。特に家族の破れに直面している親子もこの小さな共同体にも複数いることを鑑みると、「神の家族」としての養育の意義は深い。血筋によらなくても「神の家族」の一員であることを知り、神と人とに愛されていることの安心感のもとに子どもたちが育っていくことを願っている。教会ならではの働きは大きいことを実感している。

尚、この取り組みの中から、筆者が着任して二十年の間に、幼児洗礼から信仰告白へと導かれた者二名、成人洗礼へと導かれた者二十一名が与えられた。この数が教会の規模からして平均的な数値なのかそうでないのかの分析は筆者の範疇を超える。しかし、A教会にとっては、この上ない大きな喜びであることには間違いがない。教会は、神のみ業が生きて働いていることを、喜びをもって受け止めさせて頂いている。

終わりに

キリストの福音は、教会という「器」なくしては伝わってこなかったことは明白である。イエス・キリストの体なる教会は神ご自身がイニシャティヴをとって育ててくださる「神の家族」である。しかし、イニシャティヴはあくまでも神にあり成長させてくださるのは神であるが、「種を植える者」「水を注ぐ者」（Ⅰコリント三・六）の働きを神は求めておられる。ここに教会の「教育的使命」がある。異教の地、日本の土壌・風土をよく知り研究し、種まきと水注ぎをするにあたってどういう配慮が必要かを模索し、愛情をもって世話をする者たちを神は求めておられることをもう一度、思い起こしたい。教会がその「教育的使命」を再確認し、その土地にあった創意工夫をしながら「種まき・水注ぎ」に邁進し、「神の家族としての共同体」が神との交わりの中で生き生きとしていくことを願う。それが、何よりの福音の証しであり、「伝道力」となることを再確認したい。

【付記】

この小論は、第一章は、二〇〇九年七月二〇日、聖学院大学大学院アメリカ・ヨーロッパ文化研究科の「第十一回夏期研修会」で博士課程後期の第一小論文として発表したものの要約である。また、第二章及び第三章は、二〇一四年六月一三日、「第二六回日本キリスト教教育学会フォーラム」での発題原稿を『キリスト教教育論集』第23号（二〇一四年三月）に投稿したものに、若干の加筆をしたものである。その後、A教会の状況には、少し変化があったが、教会の基本姿勢は変わっていない。転居した家族もいれば、新しく礼拝に加わった家族もあり、また礼拝出席から遠のいた子どももいれば、新たに定着した子どももいる。地域的には移動の多い中、「子どもも一緒に礼拝できる」という理由で親子での礼拝出席者が途絶えていないことは幸いなことである。

注

（1） James D. Smart, *The Teaching Ministry Of The Church*, Westminster Press, Philadelphia, 1954, p.11.（邦訳：スマート『教会の教育的使命』安村三郎訳、日本基督教団出版部、一九五八年、五頁）
（2） Ibid., p. 17.（同書、一四頁）
（3） Ibid., p. 18.（同書、一五頁）
（4） 高崎毅「キリスト教教育史概観」、『キリスト教教育講座　第二巻』高崎毅・太田俊雄監修、新教出版社、一九五八年、一一頁。
（5） 同書、四頁。
（6） 同書、五頁。
（7） 同書、四頁。
（8） 並木浩一『旧約聖書における文化と人間』教文館、一九九九年、一六一頁。

（9）同書、一六二頁。
（10）同書、四頁。
（11）高崎、前掲書、一一頁。
（12）同書、一二頁。
（13）Smart, *op. cit.*, pp. 17-18.（邦訳一四―一五頁）
（14）キリスト教の最初期。新約聖書の教会の形成期を指すが、広義では中世より前の教会史の初め数世紀、古代教会の時代を指す（ドナルド・K・マッキム／高柳俊一・熊澤義宣・古屋安雄監修『キリスト教神学用語辞典』日本キリスト教団出版局、二〇〇二年、二一八頁）。
（15）L・ウィリアムソン『現代聖書注解　マルコによる福音書』山口雅弘訳、日本基督教団出版局、一九九三年、一七―五三頁。
（16）松川成夫「キリスト教の教育理解」、『キリスト教幼児教育概説』日本基督教団出版局、一九七四年、五二頁以下。
（17）C. H. Dodd, *The Apostolic Preaching and Its Developments*, Hodder & Stoughton Limited, London,1944.（邦訳：ドッド『使徒的宣教とその展開』平井清訳、新教出版社、一九六二年、五頁）
（18）Ibid., p. 33.（同書、四二頁）
（19）Ibid., p. 7.（同書、五頁）
（20）Ibid., p. 7.（同書、五頁）
（21）Smart, *op. cit.*, p. 21.（邦訳二〇頁）
（22）Ibid., p. 19.（同書、一七頁）
（23）Ibid., p. 22.（同書、二二頁）

(24) 高崎、前掲書、一六頁。
(25) 同書、一六―一七頁。
(26) 松川、前掲書、五八頁。
(27) 同書、五八頁。
(28) 高崎、前掲書、一七頁以下。
(29) トマス・ジョン・ヘイスティングス「現代のプロテスタント教会におけるカテケーシス(信仰育成)の必然性――アメリカ合衆国長老教会の教理問答への再検討」、『教会学校教案』一九九九年九月号、日本基督教団福音主義連合教育委員会、二―一三頁。
(30) 同書、六頁。
(31) 並木、前掲書、九四頁。
(32) 同書、一六一頁。
(33) H・ブッシュネル『キリスト教養育』森田美千代訳、教文館、二〇〇九年、七四頁。
(34) その後、二〇一四年度は現住陪餐会員三十六名、年間平均礼拝出席者四十名(子ども六名)。二〇一六年度は現住陪餐会員三十六名、年間平均礼拝出席が三十九名(子ども三名)。
(35) アメリカ合衆国長老教会編『みんなのカテキズム――「はじめてのカテキズム」「学習用カテキズム」』トマス・ジョン・ヘイスティングス監訳、田中かおる・神代真砂実共訳、一麦出版社、二〇〇二年。
(36) 朴憲郁・平野克己監修、大澤秀夫・筧伸子・田中かおる・古谷正仁『10代と歩む 洗礼・堅信への道』日本キリスト教団出版局、二〇一三年。
(37) ソーニャ・M・スチュワート+ジェーロム・W・ベリーマン『ちいさな子どもたちと礼拝』トマス・ジョン・ヘ

イスティングス監修、左近深恵子・西堀和子・ブラウネルのぞみ訳、一麦出版社、二〇〇九年。

参考文献

1. 『聖書　新共同訳』日本聖書協会、一九八八年。
2. James D. Smart, *Teaching Ministry of the Church*, Westminster Press, 1954.（ジェイムス・D・スマート『教会の教育的使命——キリスト教教育の基本的原理の反省』安村三郎訳、日本基督教団出版部、一九五八年）
3. C. H. Dodd, *The Apostolic Preaching and Its Developments*, Hodder & Stoughton Limited, London, 1944.（C・H・ドッド『使徒的宣教とその展開』平井清訳、新教出版社、一九六二年）
4. L・ウィリアムソン『現代聖書注解　マルコによる福音書』山口雅弘訳、日本基督教団出版局、一九九三年
5. 高崎　毅「キリスト教教育史概観」、『キリスト教教育講座　第二巻』高崎毅・太田俊雄監修、新教出版社、一九五八年
6. 松川成夫「キリスト教の教育理解」、『キリスト教幼児教育概説』日本基督教団出版局、一九七四年
7. 並木浩一『旧約聖書における文化と人間』教文館、一九九九年
8. トマス・ジョン・ヘイスティングス「現代のプロテスタント教会におけるカテケーシス（信仰育成）の必然性——アメリカ合衆国長老教会の教理問答への再検討」、『教会学校教案』一九九九年九月号、日本基督教団福音主義連合教育委員会、一九九九年
9. H・ブッシュネル『キリスト教養育』森田美千代訳、教文館、二〇〇九年
10. アメリカ合衆国長老教会編『みんなのカテキズム——「はじめてのカテキズム」「学習用カテキズム」』トマス・ジ

ヨン・ヘイスティングス監訳、田中かおる・神代真砂実共訳、一麦出版社、二〇〇二年

11．朴憲郁・平野克己監修、大澤秀夫・筧伸子・田中かおる・古谷正仁『10代と歩む　洗礼・堅信への道』日本キリスト教団出版局、二〇一三年

12．ソーニャ・M・スチュワート+ジェーローム・W・ベリーマン『ちいさな子どもたちと礼拝』トマス・ジョン・ヘイスティングス監修、左近深恵子・西堀和子・ブラウネルのぞみ訳、一麦出版社、二〇〇九年

キリスト教教育が「日本の地方」で生きるための考察

西島麻里子

敬愛する恩師の朴憲郁先生が東京神学大学を退任されるにあたり、感謝の念を持って【地方のキリスト教教育の現状分析と今後生き残っていくための方策】について一考し、献呈としたい。地方の現状は時間を経て都市でも現れると考えられるために、キリスト教主義学校にとっても、また教会にとっても考察の意義があると考える。

論者の立ち位置

論者は、朴憲郁先生に東京神学大学で、また特に同大学院前期博士課程において修士論文の指導を受けた。卒業後最初の招聘先は、名古屋市内の金城教会であった。同教会で伝道師・副牧師として約四年間の奉職後、キリスト教主義学校である岐阜済美学院済美高等学校聖書科非常勤講師、数年後には同学院の高等学校宗教主事職へと招聘された。そして、現在まで約十数年の間、宗教主事職の任を負ってきた。また、宗教主事職就任直後の数年を除き、宗教主事職と同時に学級担任の責務を現在まで負っている。この兼務によって、《教育現場》の最前線に立って格闘する教師たち――多くのキリスト教信者ではない教師たちと、キリスト教信者である少数の教師たち（地方においては、キリスト教信者の教員の確保は困難を極める）との協力による――と共に「建学の精神」の具現化に取り組む好機を得ている。

私立学校の全てに、「建学の精神」が掲げられる。当然キリスト教主義学校においては、キリスト教に基づく建学の精神がある。そして、日本の国におけるキリスト教の歴史を振り返ると、日本のキリスト教主義学校で、創立以来今日まで格闘なしに「建学の精神」を具現化できることはなかったと思われる。何故ならば、日本にはキリスト教禁教の歴史が三百年間近くあり、第二次世界大戦後には一時的に増えたキリスト教信者ではあるが、今もって日本人口の約九九％がキリスト教信者ではないという現実がある。この様な状況下において、日本の国のキリスト教主義教育による「建学の精神」の具現化は、実際の学校・学級経営においてどれほどの成果を上げることができるのか、即ち、経営の安定や進学率の向上にどれだけの成果を上げることができるのか？と常に問われるのである。勿論、それはキリスト教主義学校でなくともどこの私学でも同様であろう。そして、キリスト教主義教育に基づく学校であれば、多くの教員がキリスト教に対する理解を持ち、好意的に評価しようと努める。けれども、私学であると言うことは、国公立の学校と肩を並べ、現代の少子高齢化の日本社会で学校を経営するにあたり、弱肉強食の競争原理の中で、今後ますます厳しい生き残りをかけた学校経営を行わざるを得ない。そのような厳しい現実の中で、学校経営者や教員がキリスト教の教えが本当に学校経営に役立つのか、学力向上につながるのか、進路実現に役立つのか、等の疑問を持つのは当然の理となる。このような現代の日本社会において、論者は岐阜県という地方での経験を基にして、『キリスト教教育が「日本の地方」で生きるための考察』を行い、論者が日々従事するキリスト教主義教育からの提言を行い、合わせて今後の課題を示したい。

今現在は地方特有の事柄と思われる状況とも見受けられるが、日本の少子高齢化、教会の現住陪餐会員の減少などを鑑みると、決して地方の事柄に留まらない事柄であると考える。未来へつなぐための考察としたい。

論旨

一）日本におけるキリスト教主義教育が直面する問題を考察する

ここでは、【日本の八百万の神々】文化を抜きには語れない、キリスト教主義に基づく教育における日本固有の問題を提示する。

二）【神の像（Imago Dei）論】を核として教育基本法・学習指導要領との接点を考察する

ここでは、「神にかたどって創造された。男と女に創造された」（創世記一・二七）と「産めよ、増えよ、地に満ちて地を従わせよ」（創世記一・二八）にある【神の像（Imago Dei）論】を核としながら、教育基本法並びに学習指導要領との接点を提示する。その目的は、キリスト教主義教育が日本の教育において大変有効なものであることを示し、また、キリスト教主義教育の目指す人間像が日本社会に貢献できる人物であることを示すためである。

序論的考察

日本の一地方において考えさせられることは、日本の歴史は【日本古来の八百万の神々】と共にある、ということである。今日でも地方を支える農業・魚業・林業・畜産業・建設業など様々な業種は、自然と共に基盤を築いている。そして、これほど科学が発達したにもかかわらず、未だ天候さえも自由にできない我々人間は、自然の驚異、脅威的な力を個人で相手にすることはできない。殊に自然と共に生活基盤を築いている地方では、集落等のまとまりによって助け合い、自然の力の他に、古より伝えられた様々な文化と密接に関連する【八百万の神々】に祈願を立て、結束を守り抜いた長き歴史がある。神学的に考えると、【八百万の神々】は宗教多元主義であり、キリスト教は一神教である。この多神教と一神教の違いを対立させず、両立させ、理解しあうにはどうしたらいいのか、と地方でキリスト教主義教育の一端を担う論者は随分と悩んだ。悩む中で、論者が示唆されたのは、日本の教育の目的である「人格の完成」[1]を実現するためには、【八百万の神々】と【キリスト教の神】との結合点として、「神の像（Imago Dei）論」が鍵になるのではないのか、ということであった。

神にかたどって人間が創造された、という「神の像（Imago Dei）論」は今日に至るまで神学上多くの議論がある。例えば、我々プロテスタント神学においては、カール・バルトとエミール・ブルンナーの結合点の論争が有名である。[2]しかし、プロテスタント神学において両者は争点となったが、見方を変えれば同じプロテスタント神学上の中での同議論というとらえ方も可能である。そして、このような神学上の「神の像（Imago Dei）論」の議論は今後も続くであろう。

しかし、一方で日本の学校教育の差し迫った様々な問題、つまり、これは私立学校に限らず、公立学校においても同様に各家庭間の教育格差、教員の精神的病の罹患率の高さなど、[3]現代という時代のただ中にあって、教育の進みゆくべき道を見出したいと我々の誰もが願っている。そして、本論では伝統的な聖書神学や神学上の「神の像（Imago Dei）論」をふまえた上で、現在の日本の教育の枠組みを規定する法律である教育基本法・及び学校教育法等に基づき、各学校で教育課程（カリキュラム）を編成する際の基準になる『学習指導要領』に即しつつ、「神の像（Imago Dei）論」に基づいたキリスト教主義教育を様々な要求に応えうるものとして、実際の教育に着地させたい。

一　日本におけるキリスト教主義教育が直面する問題

序にも述べたが、地方にあっては【日本の八百万の神々】の存在を無視することはできない。『キリスト教の普遍妥当性』[4]で大木英夫は、「日本のような八百万の神々のいる中に、なぜもうひとつのヒックの言う『神の名』を加える必要があるのか。なぜ『外来宗教』としてのキリスト教が存在せねばならないのか。このような宗教多元主義に直面して出てくる『なぜキリスト教か』という問いは、日本のような状況の特有な神学的問いとなるのである。日本にキリスト教が置かれているその状況自体が問題的なのである。〔中略〕現実においては、キリスト教が自己を相対化する時、それを逆手にとって他宗教が自己を絶対化するならば、それはヒトラーの問題に類似した状況となることを知るのである。だからキリスト教が他宗教と『対等化』することだけではなく、同時に他宗教もまたキリスト教と『対等化』せねばならないということが求められるのである。日本のような宗教多元主義の状況で見るかぎり、これらの学者の頭の中にあることは、実際の宗教多元主義の状況とは異なると言わねばならない。その中で、むしろ『なぜキリスト教か』が問われねばならないのである[5]」と述べている。この大木英夫が問いかけた《なぜキリスト教か》は、地方のキリスト教主義学校において、特に重要な同様の問いとなる。何故なら、序において述べたように、地方では自然とのつながり、また、集落という生活文化の中で育まれた人間関係の中にある家庭から、児童・生徒・学生はキリスト教主義教育が【結果として】行われている保育園・幼稚園・学校・大学に通園、通学している。【結果として】という言い方に、地方におけるキリスト教の立ち位置を考える重要なヒントがある。地方では、各家庭の一般的な考え方は、経済的観点からみて、本来ならば国公立教育が一番望ましい、と考える傾向が強い。しかし、地方に住む全員が国公立教育を受けられるわけではない。そのような中で、【結果として】私学教育を各家庭が選択する場合が多い。このような教育に対する価値観がある地方では、大木英夫が指摘する《何故キリスト教か》という問いかけの声は大きい。この問いかけに、キリスト教の側が丁寧に向き合い、キリスト教の持つ、人類に貢献できる価値あるものを提示し、実践するという形で誠実に答えるとき、地方においてキリスト教が認められ、受け入れられる――我々キリスト教の言葉で言うならば、愛される――ようになると論者は感じている。その結果、先に引用した箇所で大木が指摘した【キリスト教が他宗教と《対等化》するということだけではなく、同時に他宗教もまたキリスト教と《対等化》する】という日本の八百万の神々に代表される価値観と、キリスト教の持つ価値観が共に尊重し合い、互いの良い面を認識できるようになるのではないか。

　さて、大木英夫はこの《何故キリスト教か》という問いの結論に「ティリッヒがキリスト教と仏教との対話の目指すところとして挙げたのは、戦後日本におけるデモクラシーの問題であった。ティリッヒは、宗教は文化の内実と考えている故に、必然的にデモクラシーの宗教的基盤の問題に目を向けることになる」とティリッヒの宗教間の《対話》を【デモクラシー】を手がかりとして捉えていく。「それをわれわれは、ティリッヒのように人間論的にではなく、歴史的に論じてきたのである。というのは、歴史的には、キリスト教の中にも、デモクラシーを容認しないタイプのものがあるからである。そこにティリッヒの見方の限界がある。ティリッヒのこの問題提起には二つの考慮すべき点がある。第一は、この問題提起が妥当性をもつためには、キリスト教そのものをもっと歴史的に見なければならないということである。ティリッヒにそれが欠けているのは、彼の神学の方法論的盲点である。第二に、歴史的に見てデモクラシーの基本原理としての人権とか信仰・良心の自由とかトレーションが、特定の歴史的背景をもつものであり、それがピューリタン的プロテスタンティズムの所産であるならば、デモクラシーを受け入れた日本が果してその霊的基盤を入れ換えることができるかという問題設定は、ピューリタン的プロテスタンティズムのもつ有効性と普遍妥当性を問う問いとなるであろう[6]」とキリスト教の歴史を指摘する。大木が指摘する通り、キリスト教だからデモクラシーがあるのではない。歴史を振り返れば、キリスト教は絶対権力と結びついた時、十字軍に代表される、異なる宗教文化を持つ他者の人権を明らかに侵害した。キリスト教は、ややもすると異なった宗教文化を否定する傾向にないだろうか。日本の地方では特に、檀家制度、先祖代々の位牌が祀られた仏壇は集落との人間関係の上で必要なものであるが、キリスト教はこの問題に対して宗教的寛容の精神と、他宗教への敬愛の思いを持って接してきただろうか。大木が指摘しているように、霊的基盤を入れ換えることは実際、【八百万の神々】文化では長い時間が必要である。けれども、デモクラシーを宗教観の対話の突破口として考えるならば、大木が次のように指摘する「デモクラシーの基礎にある人間観（人格、人権、自由）が日本にも受け入れられるということが示すように、歴史的に成立したものが普遍化するのであるならば、そこに自然法的普遍性と人間学的普遍性と終末論的普遍性とはひとつに結びつけられることが現れている。プロテスタンティズムの、歴史化する世界の中でその妥当性は、そのような普遍妥当性への予感をもっているのである。結論的に言えば、歴史的世界における真理が『自由を得させる』ものであるかぎり、キリスト教の真理は歴史的世界においては普遍妥当性を要求するであろう[7]」と結論づけるような形で、日本の地方においてもキリスト教が受け入れられ、敬意を持たれるようになるのではないだろうか。

ここまで、論者にとって東京神学大学への入学のきっかけとなった訳書（『我は生ける神を信ず』エミール・ブルンナー著、新教出版社）を執筆された神学校の恩師、大木英夫の指摘を多く引用した。大木英夫は戦前の教育を受け、戦後は自らが選んでキリスト教信仰を持ったキリスト者・牧師・神学者である。大木がここで論じたことは、日本でキリスト教主義教育を考える際に、大きな示唆を与えてくれる。大木自身が【八百万の神々】文化を持った日本人として、キリスト教に出会い、キリスト教を伝えるという伝道の業に従事した生き様は、日本のキリスト教主義学校と多くの面で重なると論者は考える。日本のキリスト教主義学校は【八百万の神々】文化を持つ保護者、園児・児童・生徒・学生に出会い、キリストの福音を通して、人の生きるべき道を伝える。

可能な限り【日本の古より祀られた八百万の神々】と対立することなく、キリスト教主義教育が日本の教育として実現することが望ましい。何故ならば、キリスト教主義学校に在籍する生徒・学生たちは、在学中も卒業後も日本の社会で日本の組織に属し、生活するのである。また、特に地方では、若者は自分の住む地方を活性化させたいと願っている。進学のため、就職のため地方を離れても、彼らは生まれ故郷を大切に思っている。そして、故郷の伝統・文化継承を大事にしたいとの思いは強い。その強い思いを我々キリスト教側も大事に考え、受け止める時、そこに日本的文脈の中で宗教間の対話が行われることが期待できる。キリスト教の持つ寛容さ、他者を自分のように愛する、というイエスの教えを通して、日本における真のデモクラシーの実現にキリスト教主義学校は参与できると考える。

二　「神の像（Imago Dei）論」の一考

「神の像（Imago Dei）論」の考察にあたり、示唆に富んだ論文をここに引用する。延世大学名誉教授の朴俊緒は、「神の像（Imago Dei）に関する聖書的理解[8]」で次のように論じる。「創世記の記事で神が人間を『神の像』の通りに創造されたという言葉は、古代近東当時の『意味の場』から見ると、その意味が明らかになってくる。すなわち、神が人間を『王と同じような存在』として創造されたという意味になるのである[9]」と古代近東、メソポタミア・古代エジプト地域の文化的背景をふまえて《意味の場》から「神の像（Imago Dei）論」を論じる。そして、「創世記の祭司伝承（priestly tradition）は古代近東地域に普遍的に広がり知られていた『王権的言語』（royal terminology）である『神の像』という言葉を人間の創造に使用し、人間の高貴さと尊厳を強調しているのである」[10]と《人間存在の高貴さと尊厳》[11]を示す。ここに、人間を愛してやまない神の姿が示されている。そして、さらに朴俊緒は、「古代近東世界では一国の『王』だけが『神の像』であったということである。しかし、創世記1章27節では男と女がまったく同じく『神の像』の通りに創造された。つまり、すべての人間、すべての男とすべての女はまったく同じように尊い存在として創造されたのである。したがって、創世記の記事では、すべての人間は、一人残らず、王と同じような存在であるということを意味する。祭司伝承は、古代近東世界の王権的言語である『神の像』という用語を使用しているが、その王権的言語を完全に『民主化』してしまった。つまり、たった一人の王だけではなく、すべての人間が『神の像』なのである。このように、『神の像』という言葉が持っていた王権的意味が創世記ではすべての人間に対して適用されている。つまり、『神の像』という言葉が『民主化』（democratization）され、すべての人間に適用されているのである」[12]と述べ、神の像（Imago Dei）論を民主化に結びつけている。そして、結論において朴俊緒は「創造主である神の前で責任を負える『責任のある統治』とならなければならない」[13]と人間の自然に対する責任を述べる。しかし、この結論は自然に対する責任に留まらず、人間の社会形成においても同様の責任が神の前に問われている、との解釈が可能であると論者は考える。朴俊緒の指摘は、《すべての人間存在に対する高貴さと尊厳》と、神の前に期待された《責任ある統治者》としての人間の自然を含む、世界での役割を示唆する。

論者が特に強調したいのは、教育に朴俊緒が論じた「神の像（Imago Dei）論」の視点が必要であるということである。朴俊緒の論では、人間に対する神の愛の卓越性が語られている。人間は神の前で、確かに罪ある存在である。しかし、朴俊緒が示す、神のこれほどまでの人間に対する敬愛があるからこそ、神はその独り子の十字架の死によって人間を贖われた、という贖罪論が生きるのではないだろうか。神は罪を犯した人間に、皮の衣をつくって着せられた方である。どんな状態に堕ちたとしても人間を敬愛してやまぬ方が、我々キリスト教の神である。この方に似せて造られた我々は、朴俊緒が示す高貴さと尊厳を核とする神の愛を持ち、責任ある統治者として Imago Dei 論を体現するのである。

三　学習指導要領が目指すものとの関連についての一考

長らくキリスト教主義教育に携わり、学校教育に多大な貢献した西村清は著書『君はどう生きるか[14]』で、『我々は人生の出発点を選ぶことができない』と神学者ブルトマンが言い、男として、女として生まれたのも一つの運命であり（後略）[15]」と語る。ここには、人間が自分の命の出発点において、自らの意志決定や責任を表明できない被造物としての姿が示されると同時に、生まれる環境を選べないだけではなく、不条理に苦しむ人間の過酷さが語られる[16]。そして、西村はその著書においてイエス・キリストの教えと、生き方を範とする《運命を切り開く力》を論じていくのである。確かに、人間は生まれる環境を選べず、人生の不条理に苦しみ、果ては様々な問題が負の連鎖のようになって、世代をこえて維持・拡大されていく教育格差が今日の教育では問題視されている。このような日本の教育現場を鑑みて、文部科学省は学習指導要領において、【生きる力】を各教科が育むことを教育目標として明示している[17]。

さて、この【生きる力】をキリスト教主義学校ではどのようにすべての教職員と共有すれば良いのであろうか。さらに、児童・生徒・学生が自ら【生きる力】を得たい、と願うためにはどうしたらよいのであろうか。何故ならば、どんなにすばらしい教育方針があろうとも、教育の受け手がその教育方針に心揺り動かされ、自己の可能性を伸ばしたいと願わないかぎり、教育の効果は薄いからである。

そこで考えたいのは、先に考察した朴俊緒が論じた【神の像（Imago Dei）論】の視点である。そこには、《すべての人間存在に対する高貴さと尊厳》と、神の前に期待された《責任ある統治者》としての人間の役割が示されていた。どんなに幼い児童であっても、また自己を意識し始めた生徒であっても、社会貢献を考えはじめる学生であっても、《すべての人間存在に対する高貴さと尊厳》と、神の前に期待された《責任ある統治者》としての自己存在、即ち自己肯定感を持つ時、自ら積極的に活動を始める。教育とは、誰のために、何のために行うものだろうか。それは、すべての人間が自らの可能性を信じ、より良き現在と未来を自分自身のためだけではなく、すべての人々のために創り出すためにあるのではないだろうか。ここに、朴俊緒が示した、王的権能が民主化された姿と、人間が統治者としてより良き世界を創り出す力の実現を見ることができるのである。しかし、ここで最も気をつけなければならないことは、人間の自己中心的な欲望、即ちキリスト教が考える《罪》である。この問題に対して、我々人間の創り出すべきより良き現在と未来はどんな世界であるか、を示すことができる教師はイエス・キリストである、ということをキリスト教主義教育が指し示す時、我々の独自性を最大限発揮できるのである。教育で培う学力や集団社会に対する【生きる力】を、イエス・キリストを模範とする教育は、日本社会で受け入れられる生き方である、と論者はキリスト教主義教育に関わり、確信している。何故ならば、イエス・キリストはどんな人をも切り捨てることなく、互いに愛し合うときに神の国が地上に実現するとの福音を伝えた方であり、この福音は、キリスト者でない人々にも、また地方の過疎化していく状況においても、良き知らせとして受け入れられる生き方となる。地方では都市に比べると、収入的にも人的にも弱さを持つ。その弱さを克服し、連帯するのに役立つものとして、イエスの示した生き方に人々は関心を持つ。実際、学校において、多くの生徒がイエスの生き方に、またイエスにならって生きたマザー・テレサや杉原千畝たちという、先人たちの生き方に感銘を受け、自らの行動を変えていく。そして、感銘を受けた彼らは、他者とのより良き未来のために役立て得る自身の得意分野を探求し、そのために自ら進んで勉学や部活動に励み、進路決定に結びつけていく。一度始まったこの変化はやがて加速され、誰かに強制される必要など全くなく、使命感を持って自己を鍛える者へと彼らを進化させる。そして、その《結果として》、学力の向上や部活動の成果が与えられる。こうして『学習指導要領』に示された、【生きる力】が目覚めると、それは飛躍的な力となって、目を見張るような進路実現へと至る。こうして進路実現の実績が出れば、《結果として》学校経営は安定する。このようにして、大木が論じた「デモクラシーの基礎にある人間観（人格、人権、自由）が日本にも受け入れられる」[18]ことが可能となる。日本の教育の目的、人格の完成に対して、Imago Dei の真の体現者イエス・キリストが良き知らせ、福音として、人々の憧れとして臨在するのである。

まとめ

教育によって、自らの力で生き、人生を切り開く能力を持たせるが、それは自己中心的に生きることではないことを示さなければならない。そうでなければ、非人間的な人間らしからぬ者たちが未来に存在することになってしまう。そのため、教育は、人格の完成を目的とする。人格の完成とは、イエス・キリストの生き方にあることを示すことができる点で、キリスト教主義教育には大きな強みがある。何故ならば、真の神にして真の人であるイエス・キリストの生き方は、生徒たちにとって、大変魅力的な方として映るからである。「どうして、他者のために命をかけて生きることができたのか。社会的弱者の味方に立ち、暴力を排除して平和を実現しようとし、十字架刑からも逃げることなく自らの使命を全うできたこの力は何だろう」と多くの生徒が問いかける。そして、彼らが家庭に戻り、イエスの生き方を伝え、他者を愛する生き方に目覚めていく姿に、その家庭は喜びを見出す。そんな変化を論者は学校において、また特に自らが担任をするクラスで数多く目の当たりにした。多くの保護者から、本当にキリスト教主義学校に入学させて良かった、と卒業式に感謝の念を伝えられる。

キリスト教の独自性とは、罪をおかした人間を愛してやまない神の愛を体現されたイエス・キリストの生き方にある。我々の主イエス・キリストは十字架上において尚、罪ある人間を愛し抜いた、真の愛を生きた方である。我々もまた、主イエスにならい、Imago Dei を体現する者として、八百万の神々に代表される、異なる文化や宗教を持つ人々の人格・人権・自由を尊重する時「これこそが本当に人を生かすことのできる教育であり、宗教である」と日本の国において賞賛される、と論者は確信する。

これまでの朴憲郁先生の尊いお働き、ご指導に心より感謝を申し上げ、また朴憲郁先生を常に支えられたご家族の皆様にも同様の感謝を持って、神様の豊かな祝福を多くの諸先輩方、また同労者たちと共にお祈りし、本論を閉じたいと思う。

注

(1) 教育基本法第一条。

(2) 自然神学論争。カール・バルトの「否!」が有名である。

(3) 二〇一五年度文部科学省の調査より:うつ病などの精神疾患で休職した公立学校の教員は五〇〇〇人に上る。調査結果によると、病気休職者は七九五四人で、このうち六割強を精神疾患が占める。

(4) 大木英夫「キリスト教の普遍妥当性」、『神学』55号「特集:キリスト教の絶対性と普遍性」、東京神学大学神学会、教文館、一九九三年。

(5) 同六―七頁。

(6) 同二四―二五頁。

(7) 同二五―二六頁。

(8) 朴俊緒「神の像(Imago Dei)に関する聖書的理解」韓守賢翻訳、徐正敏監訳、『基督教研究』66巻1号、同志社大学、二〇〇四年。

(9) 同六二頁。

(10) 同頁。

(11) 同六六頁。

(12) 同六二頁。

(13) 同六七頁。

(14) 西村清『改訂新版 君はどう生きるか』日本キリスト教団出版局、二〇一四年一五版。

(15) 同一〇頁。
(16) 同頁。
(17) 現行学習指導要領。小学校：平成二三年四月～。中学校：平成二四年四月～。高等学校：平成二五年度入学生から（数学および理科は平成二四年度入学生から）。幼稚園の新指導要領：平成二一年四月～。特別支援学校の新学習指導要領：幼稚園、小中高等学校に準じる。
(18) 前掲注（4）二五頁。

「平和を実現する」教育とは

――宣教師 J. H. Covell の平和教育思想と実践を手がかりに

髙橋　彰

1　平和教育とは

平和教育の重要さを切実に訴えねばならぬと思わされる時代である。二〇〇六年に改訂された教育基本法では前文の「真理と平和を希求する人間の育成」が「真理と正義を希求する」という文言に変更された。平和を尊重すれば戦争は否定されるはずだ。しかし正義はその手段として戦争という手段を持つ可能性がある。それどころか「積極的平和主義」という表現で武装化や戦争行為への協力を正当化できるかのような使われ方をもなされるようになった。平和という言葉の持つ意味は時代や文化によって幅を持っている。

平和教育はキリスト教教育の根幹をなす。それゆえキリスト教的平和、イエス・キリストによって成し遂げられ、教えられ、聖書が指し示す平和とは何かを明確にしてゆく必要があるだろう。また、福音を伝え教える方法において平和的であることの重要性も確認されるべきであろう。

十九世紀後半からの日本のキリスト教宣教の一環として、宣教師たちはキリスト教教育に取り組んだ。多くの学校や園が生み出され、その教育の思想、内容、方法において特徴を持ち、日本の教育を大きく転換させ、社会に影響を与えつつ今日に至るまで展開されている。平和教育もその重要な要素の一つである。日本の教会、またキリスト教学校における教育において、平和教育は体験や実践カリキュラムとしてもさまざまな取り組みがなされてきている。しかし日本のキリスト教教育を平和教育の視点からとらえ直すと、時代によって何が平和であるかが巧みに変更されて来た歴史があることが明らかにされている。(1) 戦時下のキリスト教会や学校の苦難や限界を知るほどに、その時代の中で取り組む限界があったからこそ、平和教育についての検証と議論がなされることの必要を切実に考えさせられるものである。

本稿は、一九二〇年から一九三九年という日本の戦時下の時代に、アメリカ・バプテスト教会からの宣教師として日本で働き、関東学院での教育とセツルメント活動、そして地域教会への宣教に従事したジェームズ・ハワード・コベル(2)の平和教育の思想とその実践を取り上げる。置かれた時代状況の中でコベルがどのようにキリストにある平和を模索し、彼自身の人格において結実し、教育において展開させていったかをたどることを通して、平和教育の意義を問い直し、今日のわたしたちがキリスト教教育においてどのように平和教育を考え、取り組んでゆくべきか、課題を確認したい。

2　J・H・コベル略歴

ジェームズ・ハワード・コベル（以下、コベルと表記）は一八八六年三月四日にペンシルヴァニア州アセンズに生まれた。二人の兄がいた。父はバプテスト派の牧師でジェームズが一一歳の時に亡くなっている。コベルは、ニューヨーク州のリーロイ・ハイスクール、ロードアイランド州プロビデンスにあるバプテスト系のブラウン大学、コネティカット州のハートフォード宗教教育大学院、マサチューセッツ州のニュートン神学院で学びを修めている。後には一時帰国中にバプテスト系のシカゴ大学で学んでいる。[3]

一九一九年、コベルはアメリカ・バプテスト教会からの宣教師として、同年に横浜に開設された中学関東学院での教育にあたるために派遣され来日した。一九二〇年から中学部、高等部での英会話教師、夜間の英語学校、また高等学部の社会事業部でのセツルメント事業にも関わりを持ち、教会学校の校長も務めて社会のこどもたちや人々の教育にも関わるなど、教育者として多様な働きをし、コベルの働きが多くの学生に感化を与えたことが伝えられている。[4] 関東学院の理事として学校運営にも責任の一端を担った。セツルメント事業の担い手たちの神学的背景にはラウシェンブッシュの社会的福音の影響があった。左寄り、共産主義と見なされ批判も受けたが、これはキリスト教思想の土台のない中での偏見と非難であったのではないかと考える。

コベルは平和主義者とも称された。平和意識の高まりは日本に来てから開花したと見られている。クェーカーの背景があるペンシルヴァニア州の出身であるアイデンティティや、学生時代に起こった第一次世界大戦、そして日本の軍国主義の強まりへの抵抗の意識などが、彼の中で統合されていったのではないかと考えられる。コベルはバプテストの枠を超えたキリスト者の連帯による平和運動にも参加をしている。一九二二年五月に東京友和会の集会に参加、一九二六年二月二二日には鎌倉の新渡戸別荘で行われた日本友和会発足にも立ち会っている。一九三九年版日本キリスト教年報（THE JAPAN CHRISTIAN YEAR BOOK）で、友和会と日本日曜学校協会について、コベルは委員として報告を書いている。[5] また賀川豊彦とも交流があり、彼のセツルメント事業の計画を支持して働いた。

平和を訴えるコベルは時局の変わる日本で働くことが難しくなり、一九三九年、アメリカ・バプテスト教会はコベルを離日させることにし、彼の希望でフィリピンへ送った。日本により近く、いつか戦争が終わって日本に戻ることを希望してのことであった。しかし、戦局は激しくなり、日本軍がフィリピンへも進出した。一九四三年一二月、フィリピンのイロイロ島で希望の谷（ホープヴェール）と名付けて隠れ住んでいた場所が発見され、仲間のアメリカ人たちと共に日本軍に殺害されてしまった。五七歳であった。

3　コベルの平和思想

3．1　人格的エピソード

コベルの平和思想が彼自身の人格において結実し実践されていたことが、さまざまなエピソードとして伝えられている。彼は平和を強く望みつつ、ユーモアを持ち合わせて人と関わった人格者として語られている。自宅の宣教師館にはイザヤ書二章四節を題材とした一人の男が剣を鋤に打ち直している絵画が飾られていた話、コベルのこどもに剣のおもちゃを与えようとした人がいたがコベルが拒否したという話、学生劇で剣術の場面に驚き悲しんで場を去った話、軍事教練開始のために兵隊が学院を訪れた日、黒ネクタイをして迎えた話、一九二八年に締結されたケロッグ＝ブリアン条約（パリ不戦条約）の文言を額に入れて英語科授業室前の廊下に掲示した話(6)など。コベルの生き方自体が平和教育となっていたことがわかる。教育とは行う側の意図と目的、そして受けた側がどのように受け取ったかも重要である。コベルは平和を訴え教え、人びとにとってはコベルの存在が平和を実現して生きる人間のモデルとして、刻まれている。

3．2　コベルの聖書解釈——学生劇台本「次の一哩をも」より

コベルは教育に劇を取り入れて、学生に取り組みをさせた。学院の英語版広報誌である「The Kanto Olive, Nov. 3. 1934」では「Dramatics and Education」という文章を寄稿している。無記名の原稿だが編集責任者の一人としてコベルは名を連ねており、彼自身の思想がよく表れた内容でもあることからコベルの文章と見なすことができよう。(7) 教育が日常生活から分離されて理論が独り歩きされてはならぬと主張し、そのために学校演劇は価値があると述べている。演劇が人間の本当の情欲、苦悩、苦難、喜びを扱うからである。演劇でさまざまな人間模様を演じさせて、社会の中での人間の役割と存在を知らせようという意図があることを伝えている。

バプテスト教会の機関誌「基督教報」の一九三四年一二月七日号にはコベル作の演劇台本「次の一哩をも」が寄稿されている。(8) これはマタイによる福音書五章四一節を題材にした内容であり、実際に関東学院の生徒たちによって演じられたことも伝えられている。ローマ駐留軍の兵卒マルカスが荷物運搬のために徴用したユダヤ人とのやり取りがテーマになっている。台本の一部分を引用する（一部現代仮名遣いに直して表記する）。

ジョン　「次の一哩も私が荷物を持って参ります。喜んで——」
マルカス　「お前は気が狂ったのか、俺を馬鹿にしているのか。ロマの軍人を侮辱するとためにならんぞ。一哩だけしか運ぶ事ができないと云う規則も知っているだろう。」
ジョン　「決して馬鹿になんかして居ません。」
マルカス　「じゃあ、暑気で気が狂ったのか。途でちょっとくらい、休めば可かったがなあ。」
ジョン　「いえ兄弟よ。私は気なんか狂っては居ないのです。私は貴方の友達になりたいのです。」

マルカス　「エッ。ユダヤ人とロマ兵が友達になるって？　何時から其んな馬鹿々々しい事が始まったのだ。」
ジョン　「あのナザレ人に会ってからです。」
マルカス　「イエスという男にか？」
ジョン　「そうです。イエスは（汝の敵を愛せ）と云ったのです。私はその言をきいて以来、非常に考えたのです。そしてその言が全く正しいと云う事がよく解って居るのです。」
マルカス　「俺にはピンとこない。」
ジョン　「イエスは心の中で友を悪く思うものは殺人の罪を犯したと同じだと云いました。ほんとにそうです。」
マルカス　「だけどお前は俺等ロマ人を愛しては居ないんだろう。」
ジョン　「いえ。愛して居ます。」
マルカス　「あんなに侮辱されても、荷物を持たされてもか、俺等のことを赦すと云うのか？」
ジョン　「とっくにお赦しして居ます。」
マルカス　「俺もそんなことを考えた事もあった。併し実際に出来るとは知らなかった。じゃあ、あれかい、お前の様な者が沢山居るか？」
ジョン　「いえ。まだ多くはありません。併し必ずキリストに従って行く者は増加して行くと信じます。そして其等の人々は世界をつくり変えるでしょう。」
マルカス　（少時黙考の後）「ほんとに実行するとすれば世界は確かに変わる。併し、俺にはお前たちの仲間に加わる勇気がないのだ。そのキリストには何処で会えるかしら？」
ジョン　「今、山の上に居られるでしょう。貴方が私をお引き止めになった時に私はキリストの所に行こうとして居たのです。もう二三時間のうちに貴方がたの仲間がキリストを十字架につけて殺して了うのです。」

マルカス「俺は——俺は、今、軍律に従わねばならぬ身なのだ。赦してくれ。さあ。ベツレヘムに行かねばならないのをスッカリ忘れて居た。出掛けよう。お前は、ほんとに俺と一緒に行って呉れるか？」

（ジョンはニッコリ微笑んで軽くうなずく。荷物を取り上げて静かに歩きだす。共に左手に退場。マルカスは感慨深げにトボトボ歩く。ジョンこれを優しく見ながらついて行く。）

イエスの時代、ローマの兵卒は侵略した現地の民であるユダヤ人を一ミリオン強制労働に駆り出させることができるという習慣がある中で、イエスの教えはさらにもう一ミリオン行けという仕方で、強制された労働を主体的に担う友の行為へと変えさせ、行為の主体性を逆転させることによって関係性を変えるという変革の抵抗を呼びかけたという解釈に基づいてこの劇は作られている。さらに「友となる」という言葉を取り入れているのは、コベルの主張する一つの具体的な平和の実現である。その根底にあるのはイエスの愛敵の教えである。「とっくに赦している」、「実際に出来る」、「本当に実行すれば世界は確かに変わる」という台詞からは、平和をいつかたどり着くべき目標地点としてではなく、今ここで実現すべき方法論であるととらえていることがわかる。さらにコベルはこの劇の場面設定をイエスが十字架にかかる直前の時としている点に注目される。わたしたちの決断の背後にイエスの十字架がある。平和の実践はイエスの十字架の救済と不可分である。その十字架の赦しと救いによって人は生き方を変更していくことができる。荷役の目的地はベツレヘムである。ベツレヘムから十字架への逆、十字架からベツレヘムへの道のりをたどる。一方で「勇気がない」という兵卒マルカスの言葉が印象深く残る。人はそのような現実に生きていることをコベルは深く承知しつつ、しかし希望を失わない。劇の冒頭場面ではマルカスは旧約のイザヤ書二章三―四節を朗読している。コベルの山上の説教、愛敵の教えの解釈、平和教育の教材としてもこの台本は興味深い。平和を実現することはイエス・キリストの十字架が背後にあり、土台となり、深く結びついていることを伝えようとしている。

3．3 「Friendship not battleship」

コベルが使用していた自分のオリジナルの封筒には「Friendship not battleship」という言葉が印字されていた。この言葉は「戦艦ではなく友情を」と訳すことができる。(9) 当時流通した言葉を借りて来たのかもしれないが、明らかではない。表現豊かなコベルが韻を踏んだ言葉で平和を呼びかけるために作った句であると考えてよいのではないか。少なくともこの言葉はコベルの重要な平和理解である。コベルはこの句をモットーとして掲げ、授業でも教えた。

この句は、二つの単語を対立させて並べ、ｎｏｔと強く後者を否定することでより前者を強調させている。また二つの名詞が対比させられることで、それぞれのイメージを描かせ想像させる効果を持っている。そして聞く者たちにビジョンを起こさせる。関東学院の校訓は初代院長の坂田祐が「上から示されたもの」という表現で伝えて定められた「人になれ、奉仕せよ」という句である。この背景にはバプテストの宣教師たちの奉仕という精神や、師事した内村鑑三のルーツである札幌農学校の「Be Ambitious」などの精神も受け継がれているとも言えようが、これらは動詞が命令形で表現されている。鼓舞し促す命令形の句に対して、名詞形は聞く者たちの思想と主体的な決断を起こさせることを期待する。この違いは、教育の方法論においても影響を与えるのではないだろうか。そしてコベルの平和的な平和教育という姿勢にも影響しているると言えるのではないだろうか。次節の坂田とコベルのキリスト教教育理解の対比にも現れている。

戦艦とは当時の国家軍事力を象徴的に表す武器であった。現在の核兵器に相当するとも言えよう。一九二一年のワシントン軍縮会議によって戦艦保有トン数が米英五に対して日本は三と定められたことが一例である。戦艦ではなく友情をという言葉は、まさに当時最高水準の軍備や軍事力による支配で世界を造り上げることを批判し、友愛こそが平和の道であると訴えたコベルのメッセージであった。皮肉なことに、日本においてこの軍縮は海軍から陸軍にもおよび、それが原因の一つともなり、軍人たちの他の働きの場として軍事教練指導という形で送り込まれるようになり、学校教育の現場に軍が介入してくることとなった。一九二五年から軍事教練が順次開始され、中学関東学院は受け入れをしていった。軍事教練について、コベルは一九二五年三月一〇日に関東学院長坂田祐と論議している[10]。三月二三日の学院修了式前日の日付でコベルが書いた手紙（コベルウィークリー）では、軍事教練受け入れは避けることができないと判断しつつ、反対していると絶え間ない努力をして教えることを訴えている[11]。高等学部では独自に教練を拒否し続け、コベルは教員としてそのことを高く評価し、アメリカンバプテストの日本宣教年報で報告している[12]。しかし時勢は厳しくなり、一九三三年からは高等商業部でも軍事教練を受け入れざるを得なくなった。この年同時に学校に「御真影」も配された。そうしてコベルのように平和を訴えるアメリカ人教師の存在は危険視されていくことになっていったのだろう。

3．4　キリスト教の宗教と教育の見解

一九三二年一月二九日付でコベルは当時の関東学院長坂田祐に書簡を送っている。コベル自ら坂田の教育思想と自身の教育理解を十一項目で対比させつつ、自分のキリスト教教育に対する考えを表明している。その内容を紹介する（表1）[13]。ここでコベルが訴えている内容は今なお古びておらず、現代のキリスト教学校教育においても問われ課題とされるべきものである。ここから彼の平和教育の考え方や方法論も読み取ることができる。①で

（表１） キリスト教の宗教と教育の見解

（VIEW POINT IN CHRISTIAN RELIGION AND EDUCATION）

① 私達はすべてのものが完全となるイエス・キリストの再臨まで神の国の完成を達成することはできない。	① キリスト者は今ここで生きている理想に絶えず向かわなければならない。というのも神の国と呼ばれる成長過程は私達の内にあるからである。
② 学校は規律のある生徒を管理し指導する教員に基づいて運営されるべきである。	② 学校は自制心を持った生徒の指導役を果たす教員と共に関係者すべての間での絶対的かつ完全な協力体制のもとで運営されるべきである。
③ 生徒は大人の伝統的な行動基準に従うという考えに基づいて、主に全教職員が作る規則に管理されるべきである。	③ 生徒はふるまいについてのより高い理想を持続的に発見・創造するという考えに基づいて、生徒自身が自らを管理すべきものである。
④ 日本では、教育の基準は文部省によって示されているような国民生活の基準であるべきである。	④ 私達の教育の基準は主イエス・キリストのうちに見られる普遍的な生活基準であるべきである。
⑤ 体罰を含む外からの強制は許されるものであるのみならず、規律にとって必要なものでもある。	⑤ キリストは外からの強制ではなく、イエス・キリストが示された愛に基づいた個人的な協力関係を通して達成されねばならない。
⑥ 国家の繁栄は普遍的な思想や価値観に優先される。	⑥ 国家の繁栄は普遍的価値観や理想と比べれば二次的な事柄である。
⑦ 宗教は資本主義を排除することを要求するよりむしろ、資本主義を支えるものである。	⑦ 宗教はあらゆる人間関係において兄弟愛を要求するものであるので、資本主義とその落とし子である軍事主義は排除されねばならない。
⑧ 教員と生徒の特権はそれ自体別個のものでなくてはならない。	⑧ キリスト教主義学校は教師と子供が一般的な共同の企てにおいてあらゆる特権と責任を分かち合うところである。
⑨ 日本のキリスト教主義学校で軍事教練をなくすことを望むのは無駄である。	⑨ 戦争体制のように神の意思に反するもので、持続するものは何一つない。
⑩ もし私達の学校で軍事教練を断念するなら、私達は学校を閉鎖しなくてはならないだろう。	⑩ 長期にわたって戦うことになることは確かであるが、私達はキリスト教主義の学校が戦争を教える必要がなくなるよう政府の見解を変えるあらゆる努力を払うべきである。
⑪ 軍事教練はそれ自体有益なものである。	⑪ 軍事教練そのものには他の方法に優る価値など何もない。

は神の国を彼岸とせずに今ここの理想に向き合うことを強く自覚している。②では教育の協働性が強調されており、③では生徒の自律性を重視、つまり教育は⑧のごとく生徒自身も共になす共育の業であり、教師側に特権があるのではないと考えている。それゆえ⑤で教育の方法論は暴力的ではなく協力関係においてなされるべきだとされる。④⑥では逆に教育の基準と目的が時代の価値観の制約に囚われぬ普遍的なものであることを重視する。⑦では宗教は資本主義や軍事主義とは一線を画す。さらに⑨⑩⑪では明確に戦争を否定し、戦争や戦争の訓練の教育的効果に価値はないと退ける。

コベルが提言したキリスト教教育論は、当時のキリスト教学校の存続が脅かされる恐れがある中では、公言することは難しく、学校の責任者に非現実的な提言としてしか受け止められなかったであろう。そのような中で信念を貫いたためにコベルは日本での活動を継続することが困難になり、一九三九年に日本を離れざるを得なくなった。しかしこれらの提言は決して非現実的な理念ではなく、究極的な希望の理念と現実的な実践を持った平和を実現するキリスト教教育であると言える。この提言内容が発言できなくなる時代を二度と繰り返さぬために、わたしたちは今ここで、コベルの訴えたキリスト教教育の理念の継承と実践から学び、継承してゆくものでありたい。

4　結論

軍事力によるアジアの解放と平和という理念による日本のアジア侵略の犠牲となってコベルは命を奪われた。彼の平和を実現する教育がかき消されてしまった歴史を二度と繰り返さないように、キリスト教教育の現場で今、歴史の評価が丁寧になされ、平和教育の在り方が広く議論され、積極的に取り組まれることが望まれる。

平和教育を、「平和に向かう」とか「平和を希求する」というように「対象と距離を置く」ものでなく、平和的な意思と方法とをもって今ここで実践される教育であることを強調してゆくことが大切である。平和「への」と言う時に、自分たちの今ある時点と平和との距離が生じる。その距離は、別のものが入り込む余地を許してしまうのではないか。目標と手段が切り離されてしまう危険がある。

また、コベルの奮闘と苦難をたどるとき、平和というのは自明の概念ではなく、誰かから一方的に付与されたり押しつけられたりするものでもなく、人が学んで獲得して行くべき極めて重要な教育的課題であることを再確認させられる。それこそがキリスト教教育としての平和教育の領域であると考えたい。それは究極的な目標があることを無視するものではない。キリスト教教育としての平和教育の課題において、山上の説教においてイエスが語った「平和を実現する」（マタイ五・九）という言葉は無視できない。平和は終末的な達成目標としての対象として設定するのみならず、今ここにおいて取り組む方法論でもあらねばならないという点を重視したい。

宣教師であり教育者であったコベルは、聖書の言葉を二十世紀はじめの日本で伝え、教えようとした。それは平和を伝えるということであり、徹底的平和主義者として生きることであった。「平和を実現する」ことがキリスト教を伝えることと同化した。コベルにおいては平和教育はキリスト教教育そのものだと言うことができる。なおコベルの活動と思想については、本人がサンフランシスコを出港してまもなくからフィリピンの山奥での避難生活に至る前の一九四一年一一月まで、アメリカの母や兄らに書き送り続けた手紙（コベルウィークリー）があり、それは遺族の手元に現存するということだが、日本では閲覧困難であり、その活動と思想の詳細な検討は、一個人の史的資料や一教派や学院の史的意義のみならず、日本における戦時期のキリスト教の宣教、キリスト教教育を省察する上で大いに意義があるだろう。詳細な研究が待たれる。

注

（1）二〇一七年五月に開設されたＮＣＣ教育部平和教育センターの意義とその資料は大変貴重である。キリスト教教育における平和教育の変遷を時代区分に従って、資料を通してどのような教育がなされてきたかを明らかにしている。戦争中の教会学校教案には平和という語はほぼ用いられておらず、八紘一宇と大東亜の解放のために戦うことが平和の実現として教えられ、取り組まれた。そして敗戦後すぐの一九四五年九月、一〇月の教案誌には平和という語が登場し、再び用いられている。

（2）J. H. Covell は日本語表記ではコヴェルが適しているが、関東学院では学院史をはじめとした諸記述、施設名称等でコベルという表記で広く認知されているため、本稿ではコベルという仮名遣いで表記する。

（3）コベルが受けた神学教育、英語教育法などが彼の平和思想やキリスト教教育にどう影響しているのかも興味深い。

（4）大島良雄「Ｊ・Ｈ・コベル小伝」、『日本につくした宣教師たち――明治から昭和初期のアメリカ・バプテスト』ヨルダン社、一九九七年。

（5）J. H. Covell, 'THE NATIONAL SUNDAY SCHOOL ASSOCIATION IN 1938', 'FELLOWSHIP OF RECONCILIATION. (Yuwa Kai)', THE JAPAN CHRISTIAN YEAR BOOK 1939, Edited by CHARLES WHEELER IGLEHART, THE CHRISTIAN LITERATURE SOCIETY (KYO BUN KWAN), p. 275-277, 298. またコベルの娘の一人アリス・ベンダが日本友和会会報『友和』三六二号（一九八三年九月一五日）に「ジェイムズ・Ｈ・コベル、シャーマ・Ｍ・コベルの生涯」という原稿を寄稿しており、その中でコベルの平和活動や友和会への参加について紹介している。

（6）条約の文言の欄外に「永遠の平和、後世への最大の贈り物」「平和を支持せよ」という文言を彼が書き加えて掲示されていた。海老坪眞『物語風 コベルの生涯』燦葉出版社、二〇一七年。

（7）'Dramatics and Education' The Kanto Olive, Nov. 3. 1934. これは関東学院が出していた英語版の通信である。署名なしの論説記事だが、コベルは本誌の編集者に名を連ねており、内容的にも彼の日頃の持論が展開されていると、高野進「J・H・コヴェルの平和主義的生き方」（関東学院大学『経済系』第二〇三集、二〇〇〇年）でも指摘されている。

（8）「基督教報」一〇三九号、一九三四年一二月七日号。現代仮名遣いは、コベル夫妻著述の諸記事を翻訳しまとめた、磯谷武郎・鴨井春夫・国津師郎・中山博幸編訳『ジェイムズ&チャーマ・コヴェル著述抄』二〇〇七年、横浜、に収録されたものを参照した。

（9）この訳語は紙芝居「戦艦ではなく友情を――コベル先生の生涯 Friendship. not Battleship」（制作日本バプテスト同盟、シナリオ小野慈美、作画井上璃々、監修海老坪眞、印刷平山印刷出版、二〇〇〇年）を参照した。一九九二年八月の日本バプテスト同盟第三五回総会において採択された「日本バプテスト同盟『戦争責任』に関する悔い改め」に基づき、この宣言を継承してゆく一環としてコベルの働きと生涯を紹介する紙芝居が制作されたものである。

（10）「『坂田祐日記』を読む」坂田創解読、関東学院大学キリスト教と文化研究所坂田祐研究会、二〇一六年、五三頁。

（11）渡部基『コベル先生――横浜からホープベールへ』講談社出版サービスセンター、一九九七年、六七頁。

（12）J. H. Covell, 'A CHRISTIAN SCHOOL IN A PORT CITY', The Japan Baptist Annual, 1934. p. 39-42

（13）一九三二年一月二九日付、コベルより坂田祐への英文書簡。内容は「あなたが軍事教練を除いては原則について同意見であるという趣旨のことを言われた時には驚きました。また、私達の唯一の相違点は、私達が理想と考えていることをどれくらい早く実行すべきかについてだと言われたことにもです。……私達の原則は異なっていると私が思う点をごく大雑把に書き留めてみました」とあり「VIEW POINTS IN CHRISTIAN RELIGION AND

EDUCATION」が同封されていた。手紙本文及び表は町井幸雄訳。学校法人関東学院坂田記念館所蔵。

現代に求められるルターの教育思想と神学

川中　真

序

二〇一八年三月に定年退職なされる朴憲郁先生の東京神学大学での長年のお働きに感謝を伝えるべく「献呈論文集」をとの依頼があり、修士論文の指導を受けた者として微力ながら「随筆」として献呈いたします。

現代社会において十八歳以下の子どもの自殺率が高く、教育界の大問題になっております。牧師としてこの問題に接しております。卒業後、キリスト教主義の小・中・高等学校、保育園、幼稚園で子どもたちと交わる機会が与えられ、キリスト教教育の重要性を思い知ったのです。また、教会においてもキリスト教教育の必然性を感じております。今年は宗教改革五〇〇年、プロテスタント教会の牧師として神の恵みへの信頼を信徒と共に歩んで行きたいのです。

現代社会は、宗教的・神学的観点から見れば、あらゆる「聖なるもの」が失われていき、個人主義が優勢になってきております。そこで、伝統的な宗教的観念や理念は崩壊の危機に直面し、これまで理解されてきた超越的で神秘的な「神」は、人間の一般的な生活の領域から失われ、ただ伝統文化的儀式や神話としてしか存在しない、神無き世界へと突入し、本来のプロテスタント・キリスト教信仰は根底から揺さぶられることになっております。

近代的人間中心主義は、人間が不確かな自分自身を中心に捉えることによって、人間存在の意味を喪失させてしまっているのです。それ故、プロテスタント・キリスト教信仰そのものを総点検しなければならない危機に直面しています。この変化し続ける現実世界に、プロテスタント・キリスト教信仰は「神」の啓示の出来事を、人間に直接的・絶対的に関係があることを知り、この現実の中で起こる出来事として語ることができるのです。虚無に取り囲まれ、戦争、環境破壊、飢餓、貧困、差別に代表されるような多くの問題を抱えている現代社会と、人間が向かうべき正しい方向を指し示すことができるのか、という危機の問題なのです。

複雑な社会構造と機能をもって絶えざる急激な変化を遂げ続ける現代社会、そこでの現象を分析し、「世俗化」という概念を持って見ることは、概念化に伴なう形骸化の危険性がありますが、教育実践の有効性を確認する意味においては重要な意味を持つのです。

ルターは信仰が愛により活動し、社会の中に積極的に働きかけて行く世俗化を説いたのです。人はもはや修道院での苦行や功徳により救われるのではなく、神が良心に対して語りかけるのを聴いて信じることによるのです。同時に信仰により救われた人は神の意志に従って隣人を愛することが求められています。その際職業は神の召命であり、職業を天職とみなし、職業活動を通し神に喜ばれるよう愛の業に励むことが勧められます。

ルターの目指していた教会は、中世以来ローマ・カトリック教会による国家の取り込みや、その逆の、国家による教会の取り込み、その中での争いに終止符を打ち、世俗的統治と教会統治とを区別することを原理としていた二統治説を説いたのです。「世俗化」は、単に社会現象だけではなく、その変化の歴史的過程を意味する概念であると同時に、人間の精神の方向性をも意味する概念だからです。その世俗化社会の中で、学校教育そのものが混沌とし、キリスト教主義学校もその存立の根本を問い直さなければならない状況です。

そこで、ルターが一五二九年に公にした二つの教理問答、『大教理問答』『小教理問答』は、人間に生まれながらにして与えられた全ての能力を、釣り合いを持って発展させることに教育の目的を見出してきています。また、教理問答は、聖書に示された人間に対する神の意図を、聖書の述べている通りに、若い人や民衆に確かな福音と信仰による生活を教える為であります。本来の教育の意義は、このようなものでしたが、近代の教育は、教育される人々に内在している様々な能力が、出来るだけひとりでに伸び広がって、成長していくことをその教育方法としているのです。教理問答は、青少年や一般民衆の精神的な訓練が、聖職者たちの受け持つところであるという中世の伝統から、近代の教育は、この教育の管理権を聖職者から国家へ、さらには、一般市民へと移すことを目指してきたのです。しかし、ルターが意図していた神中心の教育観は、いつのまにか人間中心の教育観に変質してしまったのです。

ルターは、人々が神を正しく、福音を正しく理解する為に、教理問答の必要を感じ、一五二九年に聖職者向けの『大教理問答』、家庭向けの『小教理問答』を出版したのです。今回は、ルターの教育における神学的基礎付け、『小教理問答』に記されている、十戒・使徒信条・主の祈りを取り上げて、プロテスタント・キリスト教教育の教育的役割を述べて行きます。

第一章　ルターの教育の神学的基礎付け

ルターの教育思想を追究するのに欠くことの出来ない、ルターの神観や人間観や世界観の背景を論じる必要があります。教育についてのルターの三大論述、『キリスト教界の改善に関してドイツのキリスト者貴族に与える書』一五二〇年、『ドイツ全市の参事会員にあてて、キリスト教的学校を設立し、維持すべきこと』一五二四年、『人々は子どもたちを学校へやるべきであるという説教』一五三〇年が取り上げられ、それらの展開される主に学校教育についてのみに注目を浴びてしまいますが、「ルターの教育思想の本質に迫るには、宗教改革者としてのルターに対する理解、神学者・牧師としてのルター理解が不可欠である」(1)。これらの三大論述は、基本的には神学者・牧師としてのルターの発言として受け取られるべきで、それらは牧会者としての勧告であり説教であります。ルターは教育の専門家として発言しようとしたのではなく、徹底して牧師として神学者としての自覚に立って発言したのです。

教育学はルターの庶民学校・高等教育制度、宗教教育、一般的に国民教育における教育的意義を問題にしてきたのです。しかし、教育についての神学的理解を問うこと無しには、ルターの教育思想の解釈は上手く行かないのです。ルターの教育思想の一面的理解ではなく、彼の教育的言説と神学的全体像がいかに結びついているかと言うことです。

ルターが神学からいかにして教育（学）に歩みを進めたかを論証しなければならないのです。ルター神学に沈潜し、その神学的人間観から出発した教育理解とならなければならないのです。

ルターは教育の仕事は人間の責任において受けとめなければならない理性の国に属するものであるとし、教育を理性的に規定しようとしているのです。教育は人間の業を越えているものであり、人間の理性の計画に従って実施された教育の成果が、最初の計画通りには上手くいかないという失敗の深い自覚を起点として神の教育が人間に現れるのです。すなわち、常に絶望に定められている人間が生きる意味を尋ねて不首尾に終わるところから神の教育は出発します。失敗することによって人間は自己の「主」でないことに気づき、教育によって立つ人間理性の限界をルターは指摘するのです。ルターにとって教育とは神と一緒に働くことなのです。しかも平等な立場で仕事をする協力者ではなく、主人に対する僕の関係における共働者となることとです。

それは、天地創造の神の全能の意志と独占活動によって、営まれていることをルターは主張するのです。そのことは人間の側の祈りによって明らかにされます。教師が教育の課題を忠実に喜びを持って果たすには、その仕事を神の命令とみなす職業倫理に徹する必要があるというのです。

ルターの人間観は近代教育学の目指す人間観とは異なり、神の前における人間であり、しかも徹底した神中心の人間観です。つまり神の像としての人間が課題なのです。ルターの時代、教育するとは一般に「子どもを管理する」と考えられていましたが、ルターにとって理性による管理が意味する以上に霊的に管理することが重要なのです。

第一節　ルターの家庭教育観

ルターにとって「家庭教育」がすべての教育の核心なのです。この点、現代の教育の中心をなし、教育概念の決定に大きな意義をもつ学校教育の重要性は、ルターの場合、二次的なものにすぎないのです。その意味で教育することは第一に両親の問題です。ルターは家庭管理という言葉で人間の共同生活における独自の統一性としての家庭について語るのです。牧師が教会を、君主が人民を管理するように、親は家庭を管理するのです。両親は家庭においては、世俗的官憲であるとともに霊的官憲なのです。両親にとって教育をするとは子どもを管理することを意味します。それは子どもをして規律を守らせることです。両親の管理がなければ子どもは弱く、悪に抵抗することができないのです。

宗教改革の時代には、親と子どもの共同生活は労働生活をも意味しております。田畑を耕し、畑を鋤き、種をまき、刈り入れ、紡ぐことも管理です。これらを両親が子どもに教えることが課題であります。三つの秩序（国家、家、教会）はそれぞれの仕方で悪と闘わねばならないが、両親は訓戒することによって行うのです。その上、親の行為はなんらの代償無しに与え、奉げる以外には何一つ欲しないという点で独自であります。親の子どもに対する態度における訓戒と自己犠牲的献身の関係は、新約聖書には次の箇所に記されているのです。「父たる者よ、子供をいらだたせてはならない」（コロサイ三・二一）。「父たる者よ、子供をおこらせないで、主の薫陶と訓戒とによって、彼らを育てなさい」（エフェソ六・四）。親の指導は中庸を取ることが必要であり、極端であってはならないのです。親の暴君的厳しさからは子どもは小心になり、落胆し、いじけてしまうのです。また反対に親が子どもをほったらかしにすることからは、甘やかして駄目にしてしまうのです。管理の目標点は子どもを健全に育てることにあるのです。現代では両親の躾と称して弱い子どもに暴力や暴言を加え、幼い命を奪ってしまっております。子どもを罰するのは、子どもを良くする為の手段にすぎないのです。その為には親と子の信頼関係が守られなければならないのです。

家庭教育をすべての教育の基盤にすえたルターが、「学校教育」をどのように考えていたか、一五二四年の論述「市参事会員にあてて」という題にもその事を伺い知ることが出来ます。ルターは、学校を霊的形成物とも世俗的形成物だけともせず、霊的官憲と世俗的官憲が責任をになって、両者がそれぞれの独自性に応じて共同で苦心をしながら形成するのです。従って学校は霊的使命と同様に世俗的使命をもっているのです。世俗的使命とは学校が子どもに、訓練をして規律を保たせ、一般教養の課目を教えることであり、霊的使命とは学校が「みことば」に奉仕することです。中世のラテン語学校は宗教的性格を担っていたにせよ、神を中心とした宗教教育は行っていなかったのです。宗教改革の時代になって、カテキズムや聖書についての宗教教育がはじまるのです。特にキリスト教主義の幼稚園ではこのカテキズムはとても大切であると実感しております。降誕劇での役を心に刻主の祈りについて話す園児も多いのです。ですが、この時期にカテキズムを伝えることはとても大切です。家に戻り母親と十戒や主の祈りについて話す園児も多いのです。

第二章　ルターの教理問答の特徴と経緯

ルターの教理問答は、聖職者たちの為の『大教理問答書』、家長がその家族に教える為の『小教理問答書』の二種類が、共に一五二九年に出版されています。それぞれ、聖書の内容を簡略にまとめた小冊子です。農民戦争の為に荒れすたれた教会を再建する為に、ザクセン侯の命によって、一五二六年から一五二九年にわたって、改革者たちは数回その領土内の宗教状態を巡視しましたが、ルターもその一人です。そのおりルターは、地方民はいうまでもなく、牧師たちまでが無知無能であり、主の祈り、十戒、使徒信条をさえ唱えることができないありさまを見て悲しみにたえず、きわめて平易な言葉で、キリスト教の要点を書いて、公にしなければならないと感じたのです。(2)

カテキズムは、特に洗礼志願者、子供たちに信仰の主要内容を教える為の教理を要約した信徒教育の為の書です。(3) キリスト教徒になろうと志している者に、キリスト教の初歩の知識を教えることをさしています。イエス・キリストによる救いの信仰を、もっと深く体得させることに、主眼が置かれています。ルターは、「どのキリスト者も必然的にカテキズムを学ぶべきだ。カテキズムを知ることの出来ない者は、クリスチャンの数に入れるべきではない」(4) と述べているところから、イエス・キリストによる救いの信仰を考えているのです。カテキズムを学ばない者は、聖餐に与ることはゆるさないと一五二九年著作の『大教理問答書』の序文に記されているのです。

旧約聖書の中心である神の独一性の思想と、新約聖書の中心であるキリストによる贖罪の愛の思想とが、ルターのカテキズムの中で組み合わされているのです。

あまりにも多くの説教者や牧師たちが、日常のことがらに捕らわれて、カテキズムを学ぼうという姿勢を示さないので、ルターはカテキズムを学ぶことの重要性を、多くの著作によって広めようと努力したのであります。自分の腹の為にだけ、生きている聖職者が多いと、ルターは嘆いています。罪と自覚とゆるしを、十戒、主の祈り、使徒信条を通して教育する意義があったのです。

第一節　十戒

十戒は完全な隣人愛を求めていることを記しています。十戒の一つ一つがそれぞれに求めている完全性に、対応する人間側の違犯の実例をかかげ、その違犯の実例のまとめとして、人間の「自己愛」を記しているのです。ルターの義認論から律法は、霊的な倫理的完全性を人間の課題としていることが分かります。また、律法は、人間がこの課題を果たすことが出来ないで、かえって、この世の自分自身だけの幸福を求めて律法に違犯している事実を鋭く指し示しています。人間は、自分の本性のままでは、このような違犯を続けるよりほかないのです。律法は、こうして、神の完全性と人間の醜さを示すという二重の働きをしています。その結果、人間は神との関係において自分自身に絶望します。ところが、このような状態に突き落とされた人間は、ここではじめて、キリストによる神の愛、贖罪の愛に目覚めるのです。この神の愛に信頼し、これに励まされて、神と隣人とに奉仕する生活を送るのです。

「わたしたちは、生きるとすれば主のために生き、死ぬとすれば主のために死ぬのです。従って、生きるにしても、死ぬにしても、わたしたちは主のものです」（ローマ一四・八）。

第二節　主の祈り

主の祈りは、神から離れて自分中心に考え行動することしかできない、人間の弱さと惨めさとを、祈るものにはっきりと自覚させます。主の祈りがイエス御自身によってわれわれに示された祈りであるから、自己の弱さや惨めさを自覚させられて、心からイエスにより頼むものには、この祈りによってわれらの願いが聞き届けられることをルターは説明します。この間には、贖罪の主、イエス・キリストが立っておられるというのです。

主の祈りは人間の惨めさと弱さを暴き出す七つの言葉であります。この祈りによって、人間は自分自身の認識へと導かれて、自分がこの世にあっていかに危険で悩みに満ちた生活をしているかを見ることができるのです。われらのこの世での生活は、神の名を汚し、神の意志に反逆し、神の国が来るのを妨げる生活なのです(5)。ルターは、厳しい裁き主と罪人との間柄が、贖罪の主としてのイエス・キリストによって、慈愛の父とその子との間柄に変えられていくことを、主の祈り全体の中心テーマにしているのです。

第三節　使徒信条

十戒は、人間が神との関係にあって何をすべきかを教えております。ところが、人間はこれを為すことができないから、ここに人間に対する神の怒りがあらわされ、人間は自己に絶望するのです。しかし、使徒信条はこのような人間の実状にも拘わらず、神自身が人間に恵みを与えて、人間をお赦しになることを教えます。ここに、「人間は神に信頼し、自分の欠点がイエス・キリストの執り成しによって見逃してもらえることを信じて、律法の成就に励むことができるようになります。このように、十戒にあっては道徳律、神の裁きと怒り、人間の絶望を知ることが教えられます(6)」。「ところが、主の祈りにあっては神との霊の交わりに直接に入り込むことが教えられるのです。人間は、たとえ、信仰を持ちはじめたとしても、十戒の完全な成就は不可能であり、悪魔はこの世とわれら自身の肉の思いとを用いて、この力弱い信仰に反抗します。そこで、われらは、この攻撃に対抗してわれらの信仰を強め、十戒の成就を与えてくださるように、神に向かって粘り強く、請い求めなければならないのです。しかも、この祈りは、イエス・キリスト御自身がわれらにお与えになったものであるから、祈りの形としては、もっとも完全なものなのです。この祈りによって、われらは神との愛の交わりに、直に入ることをゆるされるのです(7)」。

このように、ルターの初期のカテキズムの根本理念が、彼の義認論であったことを知ることができます。そして、この理念は、後に完成されたカテキズムの中でも中心理念となっています。このことが、ルターのカテキズムの一番の特色です。

第三章　ルターの教理問答（カテキズム）への期待

カテキズムは、キリスト者になろうと志している異教徒に、キリスト教の教義や生活の仕方等を教える為の教授そのものを意味しています。そして、このカテキズムの一番良い方法は、なんといっても、十戒、使徒信条、主の祈りという三者を教えることです。何故なら、この三者の中には、キリスト者の知るべきことが全て簡明に記されているからです。

「十戒、信条や主の祈り等を学ぼうとしない者がいたなら、それらの者は、キリストを認めない者であり、キリスト者でないと言わなければならない。そして、聖礼典に参加したり、小児洗礼を受けたり、キリスト者としての自由を受けたりすることがゆるされてはならない。それどころか、教皇や司教区裁判官に、いや、悪魔にすら、引き渡されるべきである。また、両親は、飲み食いをゆるしてはならない。そして、君主が領国から追究してくださるようにと申し立てなければならない」[8]。庶民の宗教上の無知を啓こうとして努めているルターは、教理問答を学ぼうとしない者は、キリスト教そのものを否認する者であるという、強い態度で庶民に望んでいます。勿論、この時代にあっては、キリスト教を否認する者は、生きていくことさえ難しかったことを考えると、ルターの態度は、この時代としては無理の無いものであったのです。

結び

現代の近代的人間中心主義、合理主義に基づく世俗主義化された、社会における「学校教育」です。人間の育成を図る学校教育において合理的理性の追究は、現実主義的に安易に進められてきたきらいがあります。その為、現実に役立つものだけが尊重される功利主義や能力主義、学問の実学化、人格無き知識教育、詰め込み教育と勉学の無目的化、そこから生じる差別やいじめ、学級崩壊等数限りない問題が生じています。

これらの問題を根本から解決する為には、現在進行している「世俗主義」を根本的に見直し、その人間中心主義的転換を検証し、その問題点と課題が明確にされる必要があります。

ルターのカテキズムを再び学ぶことによって、人間のあるべき姿、家庭での一人一人の絆が養われるのです。ペインターは、著作『教育者ルター』で、ルターにとっての教育の目的は「指導と規律によって、すべての生の関係を履行するに適した」キリスト教的人間を形成すると述べています。全ての人間は、神の創造によってできているのであります。この関係を、人間は忘れ、自己中心に神から離れて行動してしまうのです。このような行動の中に、互いが傷ついてしまいます。カテキズムを学ぶことによって、元来の人間の姿をみて、規律によってどうしても守れない人間の罪深さを知るのです。素直に神に従う気持ちを養って行くのです。

ここで、教会、キリスト教主義学校、教会学校での学びにおいて、カテキズム中心にしたカリキュラムを再び行っていくことが、これからの福音伝道を活性化する手段になるのです。ルターが行っていたように毎日、十戒、使徒信条、主の祈りを行うことによって、謙虚さが生まれるのです。神中心に生活する道しるべとなるのです。

注

（1）大曽根良衛「ルターの神学的教育思想（一）」、『山梨英和短期大学紀要』4号、一九七〇年、八四頁。
（2）内海季秋、宮坂亀雄訳『小教理問答書』聖文舎、一九八〇年、一頁。
（3）ルター研究所編『ルターと宗教改革事典』教文館、一九九五年、九九―一〇〇頁。
（4）WA XXX, I, 2, 4-7. Lars O. Carstens, Luther als Pädagoge, Shaker Verlag, 1999, p. 216.
（5）WA XXX, I, 427, 36-39.
（6）WA XXX, I, 427, 39-428, 1.
（7）WA XXX, I, 193, 1-13.
（8）WA XXX, I, 349, 10-16.

参考文献

1. An den Christlichen Adel deutscher Nation von des Christlichen standes Besserung, 1520. WA VI, 404-469（『キリスト教界の改善に関してドイツのキリスト者貴族に与える書』印具徹訳、『ルター著作集』第一集二巻、聖文舎、一九六三年）
2. An die Radherrn aller stedte deutsches lands: das sie Christliche schulen Auffrichten vnd hallten sollen, 1524. WA XV, 27-53（『ドイツ全市の参事会員にあてて、キリスト教的学校を設立し、維持すべきこと』徳善義和訳、『ルター著作集』第一集五巻、聖文舎、一九六七年）
3. Eine Predigt, das man Kinder zur Schulen halten solle, 1530. WA XXX, II, 517-588.（『人々は子どもたちを学校へやるべきであるという説教』徳善義和訳、『ルター著作集』第一集九巻、聖文舎、一九七三年）
4. Deudsch Catechismus (Der große Katechismus), 1529. WA XXX, I, 125-238.（『大教理問答書』福山四郎訳、『ルター著作集』第一集八巻、聖文舎、一九八三年）
5. Der kleine Katechismus, 1529. WA XXX, I, 346-402（『小教理問答書』内海季秋訳、『ルター著作集』第一集八巻、聖文舎、一九八三年）
6. 『大教理問答・小教理問答』信条集専門委員会訳（『一致信条書』聖文舎、一九八二年）
7. 内海季秋、宮坂亀雄訳『小教理問答書』聖文舎、一九八〇年
8. 菱刈晃夫『ルターとメランヒトンの教育思想研究序説』渓水社、二〇〇一年
9. Lars O. Carstens, Luther als Pädagoge - Studien zur Relevanz pädagogischer Grundgedanken Martin Luthers in einer wertunsicheren Welt, Shaker Verlag, 1999.

10. 倉松功『宗教改革、教育、キリスト教学校』聖文舎、一九八四年
11. 小林政吉『宗教改革の教育史的意義』創文社、一九六八年
12. 日本ルーテル神学大学ルター研究所編『ルターと宗教改革辞典』教文館、一九九五年
13. Franklin Verzelius Newton Painter, *Luther on Education, including a Historical Introduction*, Concordia, 1889.
14. 大曽根良衛「ルターの神学的教育思想」、『山梨英和短期大学紀要』4〜8号、一九七〇―一九七四年
15. 徳善義和「ルターの教育理解の変遷」、『神学季刊』一九六三年十二月二十五日発行
16. Ivar Asheim, Glaube und Erziehung bei Luther. Ein Beitrag zur Geschichte des Verhältnisses von Theologie und Pädagogik, Quelle & Meyer, 1961.
17. 金子晴勇『ルターとその時代』玉川大学出版部、一九八五年
18. Kurt Aland, Hilfsbuch zum Lutherstudium, Carl Bertelsmann Verlag, Gütersloh 1957.
19. 倉松功『ルターと現代』新教出版社、一九六八年
20. 倉松功『宗教改革と現代の信仰』日本キリスト教団出版局、二〇一七年

子どもの創造的発見

――ブッシュネル、バルト、ボーレンの人間観を巡って

大澤正芳

序

本論文の表題に含まれる「創造的発見」という言葉は、神の言葉の神学の系譜に属する実践神学者ルドルフ・ボーレンが、その主著『説教学』の第二巻において「聴衆の創造的発見」[1]という項目を立て論じた説教学の一主題である。

ボーレンは、現代説教の言語喪失状況を打破する道として、聖書テキストと共に、「聴衆は一種のテキストであり、第二のテキストとして、釈義が加えられ、黙想の対象となることを求める」[2]と説教における聴衆の考察の必要性を提言し、「聴衆をテキストとしてこれに省察を加え、黙想することによって、説教者は、聴衆のための言葉を発見する」[3]ことが可能になると考えた。

この説教者によって、考察の対象とされる聴衆は、ただ、あるがままの聴衆であるのではない。それは、創造

的に発見された聴衆であることが期待される。彼は、「聞き手はそのあるがままに見られるばかりでなく、その可能性に即して『創造的に発見』されることを待っている」[4]と述べる。ボーレンが考察するよう促すのは、「可能性に即して」発見される聴衆、それも「恵みによる選び」[5]を鍵として発見される聴衆である。

このような聴衆論は、キリスト教教育にとって、深い示唆に富んでいる。すなわち、聴衆をその可能性に即して発見するという課題は、キリスト教教育が拠って立つ人間観を問う問いに直結しているからである。

かつて小林公一は、「……教育は人間観を前提とする。人間を教育と関連させて考える時、前提としての人間と、目標としての人間を考えることができる」とし、「聖書的人間観を前提としてキリスト教教育は成り立つ」と述べ、キリスト教教育の基礎と目標にとって不可欠な聖書的人間観の確立の必然性を語った。[6]そのような視点に立つと、ボーレンの言葉は、キリスト教教育に携わる全ての者にも、等閑視できない提言であることがわかる。

さらに、このようなボーレンの主張は、神の言葉の神学、あるいは、その神学を喜んで受容する者にとっても改めて見落としがちな視点を提供し、再点検を促すものであると思われる。というのも、それは浅薄な批判であったという指摘を免れ得るものではないが、神の言葉の神学の受容史の研究においては、「バルト神学は文化、人間、教養、倫理等について人びとを無関心にした」[7]という言葉に典型的に見られる批判が指摘されてきたからである。ところが、ボーレンは、説教の聴き手を「第二のテキスト」と呼ぶことにより、人間への積極的な注目を促し、神の言葉の神学に向けられた批判に答えていることになると思われる。

本論では、とりわけ、ボーレンの「聴き手の創造的発見」という神の言葉の神学からの人間への積極的な注目を足掛かりとし、神の言葉の神学にとっても、キリスト教教育学にとっても興味深い人間観を考察していく。そのようにしながら、かつては対蹠的に見做されたこともある神の言葉の神学と、キリスト教教育学、特に、宗教教育学と名乗ることも多かったかつてのキリスト教教育学の理論が、この「人間をどのようなものと見るか」の人間観においては、一般的な予想よりもはるかに交通可能で、お互いに有意義な実りを提供し合える関係にあることを示唆することを目指す。また、それによって、多くの未信者を含む日本の各個教会における教会学校説教、またミッションスクールに入学することによって初めて聖書に出会う未受洗の子どもたちに対して、どのような人間観、聴衆観に立って、御言葉の説き明かしをすることができるかの具体的な示唆にまで至ることを目標とする。

第一章　一九三〇年代の「危機神学と宗教教育」論争と、一九五〇年代の赤岩栄のラディカルな結論

既に、神の言葉の神学はその揺籃の地であるヨーロッパにおいても、その神学が比較的早い時期にもたらされた日本においても、人間や、文化に対する関心を失わせるように働く傾向にあったと批判されたことは述べた。このことは、人間の文化的営みの一つである教育においても、同様であった。実に、バルト自身が、一九二三年のハルナックとの論争において、「神と世界（神にある生と現世的生）とが端的に対立するものであるとすれば、神へと導く教育、すなわち善への教育はいかにして可能であろうか[8]」というハルナックの問いに対し、「わたしをつかわされた父が引きよせて下さらなければ、だれもわたしに来ることはできない。わたしは、その人を終りの日によみがえらせるであろう[9]」と人間を神へと人為的に導く教育の可能性を制限した[10]。

日本は、この神学がかなり早い段階で紹介された国であったが、その神学が惹起した宗教教育への根本的な問いも、世界に先駆けて論じられた。バルト神学のもたらすかもしれない宗教教育への批判的影響にいち早く気付

いたのは、日本基督教会の草創期のメンバーの一人であり、プリンストン神学校で学び、プリンストン大学において心理学をも修めた牧師、田村直臣であった。彼は、雑誌『日曜学校』の一九三三年四月号において、神を神とし人を人とする「バルト神学は宗教教育の大敵にして、根本的に我らの事業の破壊者である」[11]と、バルトの神学を厳しく批判した。この田村の批判を皮切りに、そこから数ヶ月にわたり、「危機神学と宗教教育」という主題の下、論戦が交わされた。

一九三三年は、『教会教義学』が出版されだして、まだ、数年の時代であり、バルトの神学の全体像が、把握され得るような時期ではない。そのため擁護する者も、批判する者も、時代的な制約の中で論じることになるが、その神学の宗教教育にもたらす影響の理解は、概ね、次の二つに落ち着いていると言える。

第一は、田村直臣を筆頭とした危機神学と言われたバルト神学は、宗教教育の基礎付けとしては不足しているという結論と[12]、第二は、誌上での論争から二年後の一九三五年に、日本神学校教授であった桑田秀延による「日光講演」と呼ばれる、日本基督教会東京中会の夏期講習会で講演された「神学と宗教教育」における、その神学こそが、宗教教育の聖書的な基礎付け足り得るという積極的な理解である[13]。

しかし、桑田に代表されるような神の言葉の神学に立つ者自身が、この神学が決して、宗教教育に対して、否定的な立場に立つものではなく貢献できると語った一方で、それから、およそ二十年後、代々木上原教会の牧師であった赤岩栄は、バルト神学の立場に明確に立ちながら、まさに、田村が批判したようなバルト理解に基づいて、自身の教会における日曜学校を廃止するという結論に至った。

赤岩自身の発行する月刊雑誌『指』の一九五三年一〇月号と、『福音と世界』一九五六年の一一月号において、日曜学校への疑義から否定に至るまでの経過を辿ることができる。前者に掲載された「日曜学校」という小論においては、「あえて自然神学しか語ることの出来ない日曜学校を上原教会におく必要がどこにあるかという疑問が起る」と述べ、また、「理解に関する限り自己に目覚めていない子供に、死や復活の意味を知らせることは、不可能であると思う。〔中略〕福音は何としても、自己となった人間に向って語られるべきものである」とする。(14)この最初の小論において、既に赤岩は、日曜学校を自身の牧会する教会で続けていく意義を見失っているが、未だに、それに踏み切れなかった。

しかし、三年後の『福音と世界』誌に寄稿した小論においては、「私はなぜ日曜学校を廃止したか」という題目の下、日曜学校廃止の自説を展開している。そこで赤岩は、『指』誌の小論同様に、日曜学校廃止の理由を「自然神学がなりたたないという僕の神学的告白に根拠をおいている」と述べる。赤岩は、幼い子どもが食前で手を合わせて神に祈る祈りは、「お婆さんに背負われた田舎の子が、道ばたのお地蔵さんに、手を合わせるのと同じことをしているに過ぎない」こととする。(15)

また赤岩は、たとえ現今の日曜学校の教授内容そのものが、自然神学ではなくて、旧新約聖書並びに、カテキズムを教える改善がなされたとしても、「イエスの名がそこで語られているということが重要であるのではなく、イエスが、福音として語られ受取られているかどうかということが問題(16)」であると述べ、「福音は自己になった、また自己になろうとしている人間に向って語られる言葉である(17)」と受け取る側の人格的成熟を強調する。(18)

しかし、このような日曜学校の廃止を行った赤岩が、子どもを自己になっていない存在として、神のまなざしにおいて無価値な存在と理解しているわけではないことも一応付言しておくべきだろう。彼にとって、「子供は意識しなくてもキリストにある人間なのですから、福音を聞き分け得る年頃になるまで、普通の子供として宗教的にではなく、一般的教育過程に委せておけばよい」存在であるから、それぞれの家庭が子どもを拒まれない「イエスの膝」になればそれで足りると語った。(19)

しかし、赤岩が、「クリスチャン家庭でない子供たちも同様に、いずれは、年頃になるのですから、その時分に教会に来る機会を与えるよう、教会はいきいきと、社会に向って窓を開き、伝道にたゆまず携わっておればよい」[20]とする結論は、やはり、根本的に子どもに対する教会の働きかけの可能性を放棄しているし、結果的に子どもを極端に軽視していると言わざるを得ないのではないか[21]。

第二章　バルト『教会教義学』における幼児洗礼理解と人間観

前章に見た赤岩による日曜学校廃止論という過激な姿勢は、バルトを誤解していると容易に片づけることはできないかもしれない。特にバルトの晩年に位置する『教会教義学　和解論Ⅳ』の徹底的な幼児洗礼批判を読むと、赤岩のような結論が自然と出てくるものと考えられる。

そこで、本章においては、キリスト教教育の立場からはあまり評判が良いとは言えないバルトの教会教義学における幼児洗礼批判の概要を見ながら、むしろその時に力強く語られる神の恵みの元における子ども理解を明らかにすること、また、その洗礼理解の前提となる人間観を、『教会教義学　和解論Ⅲ』におけるバルトの最大の教会論、第七二節の「聖霊とキリスト教団の派遣」から概観することを目指す。

第一節　『教会教義学　和解論Ⅳ　キリスト教的生〈断片〉』における洗礼理解と幼児洗礼批判

最後の教会教義学の著作となった同書は、洗礼のサクラメンタルな理解を批判した論争の書である。バルトは、「われわれの問題は、〈人間の判断ではキリスト者の生を開始できない人間が、どのようにして、神の判断で――神の可能性に基づいて、それにもかかわらずそのような生を欲し着手し実行することへと始動せしめられるのか〉ということである」[22]と、バルト初期のハルナックとの論争を彷彿とさせる問いを立てながら、しかし、「あれこれの特定の人間の心と良心に迫りまた入り行く、そのような歴史を啓示する言葉こそ、聖霊の業なのである」[23]という形でこの問いに対して明白に答える。

つまり、このような個々人に対して「活けるイエス・キリストの直接的な自己証言と自己伝達」[24]によって、信仰が与えられることを「聖霊による洗礼」と同定し、これに対し教会によって執行される水による洗礼は恵みの形態ではなく、[25]「人間が、彼の身に起こった神的転向によって、解放され権能を与えられ要請されて行なう行為・行動・振舞い」[26]と区別する。

洗礼は神の恵みの手段ではなく、むしろ、「神の恵みに対するその人間の感謝に充ちた肯定」であり、しかも、大切なことは、「彼の人間的行為による肯定」であると理解する。[27]

さて、同書におけるバルトの幼児洗礼批判は、このような自由な人間の感謝の応答としての洗礼理解に導かれて、その必然的補足として展開される。すなわち、信仰告白の伴わない幼児洗礼という「そのような洗礼の実施においては、洗礼の出来事の従順という性格も応答という性格も、識別不可能なほどに曖昧なものに見える」[28]ゆえに、一線を引かなければならないのである。

ところで、この洗礼論において、我々が注目するのは、たとえば、「聖霊の業によって、すでに彼の肯定なしにでもすべての人にとって（したがって彼にとっても）真理であったものが、彼によって肯定された真理となり、すでに以前に他のすべての人々に（したがって彼にも）与えられた保証が、彼によって聞き取られた保証となり、すでに以前に他のすべての人々に（したがって彼にも）あてはまった約束が、彼によって把握される」[29]という言葉、あるいは、人間の応答とは、「自分が認識する以前に自分はゴルゴタで行なわれた神の決定によって何であったかを、聞くことへと、立ち返るということを意味する」[30]という言葉である。これらの言葉は、洗礼における人間の応答的決断の大切さを語る言葉である一方で、神の恵みは、人間の応答に先立って、与えられたものであることを前提としている。

このようなバルトの前提は、同書の至る所に見られるが、圧巻は幼い子どももまた神の恵みの契約の中に属するということに幼児洗礼の根拠を見出そうとする幼児洗礼擁護者への批判の文章である。

バルトは、「〈神の恵みの契約は、神の永遠の決意の中で『幼い子供たち』の為にもなるように締結されており、イエス・キリストの歴史において彼らの為にもなるように成就され、有効であり、効力を持っているのだから、それは、彼らをも包含する〉とかいうことを、証明する必要はない」とし、また、「イエスがあのマルコ一〇・一三以下の『幼な子ら』において、あらかじめすべての幼な子らに、御自身への――したがって神の国への到達を約束し給うたということを、証明する必要はない」とする。なぜならば、「それらすべてのことは、信仰と愛と希望においてしか語られ理解され得ないという意味で、自明のことではないけれども、真実であり、明瞭である」からだ。[31]

我々は、バルトがサクラメントとしての洗礼理解を否定したことの当否をここでは問わない。むしろ、ここで確認したいことは、バルトが幼児洗礼を批判する時、それによって、応答をなしえない幼児が、神の救いの外にあるとは少しも考えていないということである。[32] 彼にとって、神の恵みは、既に子どもを「高度の客観的実在性をもった『先行的恵ミ』として、包んでいる」[33] のである。

第二節 『教会教義学 和解論Ⅲ／4 真の証人イエス・キリスト〈下〉』における人間観

前節、『教会教義学 和解論Ⅳ』に見た、証明する必要のない子どもに対しても当然妥当するイエス・キリストの歴史における神の先行する恵みという理解は、『教会教義学 和解論Ⅲ』の第七二節においても、際立った仕方で論じられている。

同節において、教会は、イエス・キリストによって派遣され、「委託を行なうことによって世のために存在する[34]」と語られる。そして、この教会に託された教会の存在目的である委託とは、「〈神を認識し、人間を認識し、神と人間の間に結ばれた契約を認識することによって、世をあるがままに認識することを許される〉という第一の根源的意味において、世のために存在し、世へと派遣される[35]」と語る。

この教会の働きによって、認識するよう援助される、その世自身の姿とは、「何よりも、神がそれらすべての者たちの神であることを見、また理解することであり、例外なく彼らすべてに対して（彼らの高みに対しても深みに対しても、彼らの輝きに対しても悲惨に対しても）神の全能の憐れみが支配していることを、見また理解することであり、彼らがどのように破滅していても、神にとっては破滅しておらず、どのように神に対して逆らっても神から逃れることはできないことを、見また理解することであり、彼らが神の御手によって創られたのと同様に導かれ支えられてもいることを、見また理解することである[36]」という世の姿である。

このようなバルトの人間観、人間理解は、続く次の言葉に端的に表れている。「人間について知るということは、イエス・キリストがそれらすべての者たちのために死にまた甦えり給うたということが確かである限り、神の恵みは彼らすべてに対して有効であり、約束され向けられているということを、見また理解するということである[37]」。

さて、教会がなぜこのような神にある世のあるがままの姿を見ることができるかと言うと、バルトは、「教団は、聖霊の照明する力、押し迫るキリストの愛に動かされて、あるがままの世について知ることを許される[38]」からであると語る。このような言葉を見ると、バルトの聖霊論的教会論は、教会を世に対する孤島とするものではなく、「橋を取りこわすかわりに、あらゆる方向に向かって橋を架け、その橋を渡り、自分がどれほど特殊なものであっても、他のすべての人々と共にあり、彼らの如くであり、他の人々の存在・状況・状態の中での様々な希望や労苦に、それを自分自身の希望や労苦として参与し、それを共に担うということが、人間に許される場所[39]」とするものと言える。

このような言葉の中に見えてくるバルトの積極的な人間理解は、人間に内在する価値に基づくものではなく、「彼が神の慈しみの対象であるからであり、彼が神の慈しみによって高められているからであり、神が彼の友・保証者・兄弟であり給うからであり、神が彼のために存在し、イエス・キリストにおいて彼の神であり給う[40]」ということにひたすらに掛かっている。

しかし、それゆえにこそ、この人間に対する神の偉大な「然り」は、「然り、だがしかし」という言葉によって、曖昧にすることは決して許されない[41]。この視点に立って、教会が、その御言葉を伝えるよう召されている人間を見るまなざしは、どんなに福音に対して無知や不信を示す者であっても、「神がイエス・キリストにおいて悪意ではなく好意を持ち給う被造物として、見また語りかける以外に、何が残されているであろうか[42]」という見方以外は存在せず、だから、全ての人間に対して、「まだ外側にいる者でありながらすでに内側にいる者として見、語りかけ、取り扱う[43]」以外の接し方を教会は知らないことになる。

第三章　ブッシュネル『キリスト教養育』に見る人間観と聖霊への信頼

本章で取り上げる米国の十九世紀の神学者ホーレス・ブッシュネルの『キリスト教養育』は、第一章で取り上げた日本におけるバルト神学の宗教教育への否定的影響を危惧し、世界に先駆けて批判した田村直臣のキリスト教教育の理論的骨格となっている著作である。小見のぞみは、田村にとって、六十年の半生を二分して、後半以降をキリスト教教育に捧げるきっかけとなった出来事が、一九〇一年に起きたとされるが、その決定的な出来事は、「どうやらホーレス・ブッシュネルという人の『キリスト教養育』（*Christian Nurture*）との出会いがあったのではないか[44]」と推測する。

このブッシュネルは、「アメリカのシュライエルマッハー」、あるいは、「アメリカの自由主義神学の父」としばしば評される[45]。神の言葉の神学が、特に自由主義神学の克服が動機づけになったことを考えるとブッシュネルの理論は、対蹠的な立場に立つことが予想されるかもしれない。

けれども、後期バルトにおいては、はっきりと人間に対して「偉大な然り」が語られていることを鑑みる時、両者は、肯定的な人間観という点では、意外なほど接近していると言える。しかも、ブッシュネル自身の神学も、その思想を以下に概観することにより、聖霊論的な視点から、子どもの可能性を信じる理論であることが確認できるだろう[46]。

第一節　ブッシュネルの子ども観

実は、ブッシュネルもまた、赤岩や、バルトと同様に、「子どもは実際、真の個人になるまでは、明らかに真の個人であることはできない」し、「子どもが真の個人であると仮定することによっては、何も得られない」という前提を語る[47]。ところが、赤岩においては、この子どもの未熟さゆえに、福音が語られる対象とはなりえないと判断したのに対して、ブッシュネルは、子どもを自律的な存在と見做さず、親との有機的な関係にある存在として見るため、信仰教育の放棄という道は辿らない[48]。彼は、明確な回心が可能な年ごろになるまで、子どもをキリストから引き離して放置することは、「子どもは大人になるまで、神とすべての聖なる原理を拒絶すべきである」とすることであり、「最も悪い有害な影響を子どもに与える」ことであり、キリスト教教育の放棄は、「子どもが全年月を憎しみと邪悪さにおいて過ごしてしまうまで、子どもが心から神を愛し神に服従することを期待しない」こと、「子どもに自分はすべての人間のうちで最も恩恵を与えられていない人間であると感じさせる」ことだと厳しく批判する。[49]

彼が批判しているのは、もちろん、神の言葉の神学ではなく、リヴァイヴァルの宗教である。[50] リヴァイヴァルの宗教は、「特別な時には活発で火のようであるが、聖性の美しさを欠き、恒常性、目的の単一性、愛らしさ、清らかさ、豊かさ、潔白さを欠いている」[51] ような不完全な宗教であり、子どもを契約の外に追い出し、「それから、少なくともある折に触れて教会の外に出かけ、あたかも子どもが実際に異教徒であったかのように、回心させもとの場所へ戻す」[52] という無益なことをしていると批判する。

これに対し、ブッシュネルは、親との有機的な一体性の信念に基づき、「子どもは、クリスチャンとして成長すべきであり、決してクリスチャン以外の者として自らを知るべきではない」[53] という有名なテーゼを主張する。

このようなキリスト教教育の必要性を主張するブッシュネルの人間観は、米国のリベラル神学の父と呼ばれるように、子どもは生まれながらに、「聖なる原理の種［seeds of holy principle］」[54] を持っているかのように理想主義的な人間観に基づいている神学と見える。

ところが、ブッシュネルを人間の善性の発展開花を両手放しで語る神学者と断定することはできない。彼自身が、「人間は本性において根源的に善であると仮定する多くの人々がいる。その人々の考えによれば、キリスト教教育の仕事は、我々のなかにあるよきものを教育する、あるいは、引き出すことのみである」と語りながら、「私がここで述べてきたこととそのような説が偶然に一致しているのではないかという疑問によって、混乱させられないようにしよう」と自分がその教えに与しないとし、「キリスト教的徳の成長は、植物のような過程ではない」とする。[55]ブッシュネルにとって、「人間の本性的な堕落は、聖書のなかに明白に述べられている」事実であった。[56]

つまり、ブッシュネルの人間観は、リベラルな宗教教育論を桑田が総括したような、「人間の霊魂の無限の価値[57]」を前提とするものとは単純に言えない。

にもかかわらず、彼が子どもを生まれながらのキリスト者と見做すのは、親との有機的一体性を徹底的に重んじるからであると言える。彼は、「子どもが両親の養育にある者なので、推定に基づいて［presumptively］信仰にある者として理解[58]」する。つまり、彼の小児観、人間観は、推定、将来性、期待に基づいて、そのような者として見做す信仰の行為を語っていると言えるのではないか。たとえば、「そして、もし子どもたちのなかに将来性の法則［law of futurition］を保証するものがあるとするならば、彼らはまさに信じる男と女として分類される[59]」とか、「教会員が告白する信仰において推定上ではあるが教会員とともに同じである者として、洗礼を授けられた子どもたちが教会員による期待のなかで受け入れられていることがわかるように、各教会の名簿一覧に記載されるべき[60]」という表現には、将来の内に子どもの姿を見、そこから現在を見るという手続きが踏まれていると思われる。この見方を可能にするのは、彼の有機的一体性という信念が大きな役割を演じている一方で、さらに、その聖霊理解が、大きな動機になっていることを次節で確認する。

第二節　聖霊への信頼

ブッシュネルが、子どもの信仰教育の必然性を語るのは、次のような聖霊の支配に関する教理と、その信仰的確信にも基づく。すなわち、「ヤハウェの霊［the Spirit of Jehovah］は物事の全世界を占め、すべてのものにおいて力と統治の現臨を保つ」ゆえに、「すべての人間――成人同様に幼児も――は、その年齢と必要にふさわしい霊の養育［a nurture of the Spirit］をもっていると信じること以上に、霊的影響それ自身についての教理に、ふさわしいものがあるだろうか?.[61]」。

彼は、聖霊による回心を否定することはないが、「むしろ、説教者をして、永続的な霊［Abiding Spirit］を信じせしめよ[62]」と、聖霊の働きを劇的な回心に限定せず、両親の養育を通して、静かに永続的に働かれる聖霊を信じる。

彼が、子どもをキリスト者以外の者として見做し育てるべきではないと考えるのは、聖霊への徹底的な信頼によるものであることは、次の有効召命［God's effectual calling］を語る文章によっても明らかである[63]。すなわち、彼は「神の有効な召しは、そのような不自然な恵みではない。両親自身が救いの大いなる家庭である教会に含まれ、喜びのうちにあるのに、彼らの子どもたちは塀によって外へと分離されているのを教会の内から見るかのように、神の有効な召しは、子どもたちを別にして両親だけを召すことは決してしないだろう。神の有効な召しとは、子どもたちを離して両親だけを召すようなことは決してしない[64]」とした。

このようなブッシュネルの肯定的な人間観の視点は、聖霊論に基づくものであり、たとえば、バルトがシュライエルマッハーをブルンナーのようには簡単に片づけることができないと感じ、「いずれにせよ、すべてを最もよく解釈すれば、一種の聖霊の神学というものが、シュライエルマッハーの神学的行動の、彼自身意識するのは困難であったろうが、事実上彼を支配している、正当な関心事であったという可能性を、わたしは予想したい[65]」と語った言葉は、ブッシュネルにおいては、ますます通用すると言えるのではないか。

第四章　再びR・ボーレンの聴衆の創造的発見と聖霊論的思考について

ここで改めて、ボーレンの「聴衆の創造的発見」という説教学的主題を考察する。彼は、「聴衆を創造的に発見するというのは、すでにそこにあるものとして発見されている者を、改めて神のみまえにあるものとして発見すること、つまり神の恵みによる選びの中でこれを見るということを意味する[66]」と語る。

このように神の恵みの選びの中で聴衆を見るとは、「神ご自身をその優位において捕えて離さぬが故に、自分の相手は神に属すると考え、神から彼が受けているもの、その受けているものによって彼がしていることとの関わりの中で、これを考える[67]」ということ、信仰の可能性から聴衆を見ることとされる。

すなわち、信仰において、聴衆を見るとは、あるがままの聴衆を見るばかりでなく、「現実を、将来の方から捕えていき、それ故にこそ、その現実の持つ可能性を発見する[68]」こととする。既に、ここには、我々が見てきたものと共通の課題が語られていることは明白である。

ボーレンにおいては、このように創造的に発見されるべき聴衆の、創造的という言葉は、時間という枠組みにおいては、特に「将来」と「可能性」によって、方向づけられている言葉であることが窺える。このことは、彼の日本での講演録である『聖霊論的思考と実践』において語られた「聖霊論的思考」というキーワードとの関連からより理解を深めることができる。

そこでボーレンは、聖霊論的思考によってするのは、「新しい自己についての体験」であり、「聖霊論的思考は、新しい創造の発見への途上にあります」と述べる[69]。すなわち、説教者、牧会者が一人の人間を正しく見るためには、将来における、新しく創造された者としてのその人を見ることであり、それは、聖霊論によって、導かれる見方だというのである。ボーレンは、これをまた言い換えて、「インマヌエルの地平においてひとりの人間を知覚すること」(70)だと述べる。

このインマヌエルの地平において人間を知覚するとは、さらに「この人間を創造者という視点から見るのであり、あるいはまたその救済者によってすでに今何になっているかという視点から見るのであり、あるいはまた完成者という視点から、この人間が、自分を完成してくださる方を通じて将来何になるであろうかという、その視点からこれを見るということでもあります(71)」と三位一体の出来事に巻き込まれた人間として見ることであると語る。

このボーレンの聖霊論的思考によって導かれる聴き手の創造的発見の論考が、極めて魅力的であるのは、これが、実践神学者の言葉らしく、説教、あるいは牧会における具体的な示唆を意識しているからであると言える。ボーレンが、「個個の人間とその歴史を神の歴史と啓示との関連において見るということは、つまりその人間と歴史とを、彼自身にはまだ隠され、覆われている地平において見るということであります。牧会とは、その人の代わりに信じてあげるという意味を持ちます。それがつまり、感覚的な知覚を越えて信じるということなのであります(72)」と述べ、この人間へのまなざしは、まさに牧会において目前にいる一人の人間をどう見るかということを意識している言葉であることがわかる。

このようなボーレンの「聴衆の創造的発見」という説教学的な言葉は、我々が見てきた信仰における人間理解の主題を集中的に実践的に表現するものだと言える。つまり、ボーレンが、聴衆を創造的に発見するということは、目の前にある人間を、「改めて神のみまえにあるものとして発見すること、つまり神の恵みによる選びの中でこれを見るということを意味すること」であると語る時、そこには、神の偉大な然りを語られた、ひたすら神の者としてのみ知られるべき人間を、説教という実践のために見ているのである。
このような神の恵みの選びの元にある者と見做され、実際に語りかけられる聴衆は、何の手続きもなく、そのままキリスト教教育が対象とする人間であると言うことができるのではないか。

結語

以上のような論述の進め方は、時代も場所も違う神学を状況を捨象して同列に論じた乱暴さがあるという批判を免れ得ないものであるかもしれない。しかし、アメリカのシュライエルマッハー、近代神学の父と呼ばれながら、聖霊論的に宗教教育の必然性を語るブッシュネルを取り上げる必然性を次のバルトの言葉によって明らかにしておく。すなわち、バルトは、シュライエルマッハーの関心が聖霊論的には全く正当であり、また、必然的であり、だから、「わたしが本能的に、『教会教義学』の第四巻の一から三までで、少なくとも教会を、それから信仰と愛と希望を、明瞭に聖霊のしるしのもとにおいたのはよかった[73]」と語ったように、神の言葉の神学と、近代神学に基づく宗教教育学の交通の可能性は、聖霊論にあると考えられるのである。

事実、我々はブッシュネル、バルト、ボーレンの著作を実際に紐解きながら、リベラルな神学と対蹠的に見られがちである神の言葉の神学が、実は、ブッシュネルが見ていたキリスト教教育の目指す主要な観点、彼の理論の前提となる肯定的な人間観をよりラディカルに深めることに貢献していることを興味深く観察した。

すなわち、バルト、そしてボーレンによって展開される聖霊論的人間論は、ブッシュネルのそれよりも、広く深く神の元にある人間、それだから、神の恵みの元に徹底的に存在する子どもを見ることを促すものであると言える。

両者を比較すると、ブッシュネルの限界は、我々のなした限りの『キリスト教養育』の考察に従って言えば、自由主義的な傾向にあるよりも、彼の聖霊論が、彼の置かれた十九世紀のアメリカの教会という時代と、場所の限界の中で、聖霊の働きを限定し過ぎてしまうところにあるかもしれない。彼はキリスト者家庭における聖霊の永続的な力、その子女に働かれる聖霊の働きを一貫して信じているが、それ以外の人々が十分に視野に入っているとは言えない。

だから、教会学校並びに、キリスト教主義学校において、教会員子弟以外の子どもたちと頻繁に接する機会のある我々日本のキリスト者、説教者にとってはそれでは物足りない部分があると言わざるを得ない。むしろ、かえって我々は、キリスト教教育に否定的な影響をもたらすものと見做された時代もある神の言葉の神学の内にこそ、ブッシュネルの主題をさらに徹底的に深めた神の愛の対象である人間の姿、既に神の者とされており、また将来、自分の口で信仰を告白するようになる子どもの姿を見出すことができるようになるのではないか。

我々は、実践の場である教会に生きる者として、これを問うてきたつもりである。だから、我々のさらに問うべき事柄は、そのような聖霊の助けによって見出される子どもの姿を見せて頂いたキリスト者の言葉は、変わるということである。回心への招きを語る時ですら、道徳的、あるいは、対決的に迫るのではなく、既に、神に喜ばれている子どもたちを見つつ、その喜びに巻き込まれている者として語りかけるようになるのではないか。しかも、このような聖霊論的視点に基づいて、子どもという聞き手を創造的に発見する説教は、説教者を長年実りが見えないことへの倦む心から立ち上がらせるだけでなく、ボーレンが語ったように、「喜びの未来論」である聖霊論的思考が、我々現代人に重くのしかかる「魂の考古学」である精神分析的思考に取って代わることによって、説教の言葉を聴く子どもたちの心の重荷をどんなに軽くするものとなるだろうかと期待するのである。(74)

我々は、バルト、ブッシュネル、ボーレンの言葉を通して、「まだ信仰を持っていない人の上にも神はすでにそのみ手をおいておられるのでありますᐟ(75)」という神にある子どもの聖霊論的信仰の将来に目を開かれたのである。論者はなお、この視点に立つキリスト教教育の研究がより学的に精密に展開され、実際に子どもと共に生きている教会、キリスト者たちの働きに資するようになることを祈り願う者である。

注

（1）R・ボーレン『説教学Ⅱ』加藤常昭訳、日本基督教団出版局、一九七八年、二二九頁以下。

（2）同右、二二〇頁。

（3）同右、二四五頁。

（4）同右、二二九頁。

（5）同。

（6）高崎毅、山内一郎、今橋朗編『キリスト教教育辞典』日本キリスト教団出版局、一九六九年、四〇四頁以下。上記、「人間観」の項目は、小林公一が執筆。

（7）小林公一編著『キリスト教教育の背景』ヨルダン社、一九七九年、一七二頁。同書に収録されたシンポジウム「日本の神学とキリスト教教育」の記録での佐藤敏夫の発題。佐藤は、第一次世界大戦を受けて、バルトが、キリスト教文化と福音そのものをわかる必然性があったことを評価しながら、結果としてこのような批判がヨーロッパでも起きたと語るが、とりわけ、「日本においてはバルト神学が受けとられた場合、キリスト教的遺産は何もありませんから、このバルト神学への批判は日本にますます適中する」（同右、一七二頁）と述べている。日本の神の言葉の神学の受容において、自由主義神学の砦を破る武器をバルト神学の中に見出した結果、例外はあるとしても、人間のパースペクティブが捨象されてしまったという批判は、C・H・ジャーマニー『近代日本のプロテスタント神学』布施濤雄訳、日本基督教団出版局、一九八二年、二三三頁以下に詳しい。

(8) カール・バルト「アドルフ・フォン・ハルナックとの往復書簡」(一九二三年)、『カール・バルト著作集1　教義学論文集〈上〉』水垣渉訳、新教出版社、一九六八年、一九八頁。

(9) 同右、二〇一頁。

(10) すなわち、人間の内にある宗教性を引き出し、それを養い育てることを目標とした宗教教育という学問分野に対して、バルトをはじめとする神の言葉の神学は、神と人との隔絶を語り信仰は人間の内からではなく外から神によって恩寵として来るならば、果たして「信仰は教育することは可能か?」という問いを投げかけたのである。

(11) 田村直臣「バルト神学と宗教教育」、『日曜学校』一九三三年四月号、日本日曜学校協会、七一頁。

(12) 菅原のまとめを読むと、問題の所在がよくわかる。「今日の宗教教育は先づ人の心に宗教的可能力のある事を信じ、之を開発指導すると云ふ信念に立つて、其の目的を遂行する為め技術習得を専らにして居るわけである。例へば教師養成講習会などのプログラムを見ても、管理法、教授法、話方、心理学、又は聖書の知識を授けて教授能力の向上に努めて居るわけである。然るに危機神学に在つては唯一の啓示を信じさして頂くのであつて、人生の危機に臨み二者選一の最終的判断上、神を神として在り方的に仰ぐのである。／宗教教育は、大体に於て近世理想主義哲学を背景とし、科学的知識を加味し成長したものである。然るに危機神学は是等を清算して独自の啓示を主張するのである。危機神学は人性は善だとか、人間は万物の尺度だなぞ云ふ人性を信じてかかるより、其反対に人は罪人なり、人生は矛盾なりと云ふ事実から出発して居るのである。夫故今日の宗教教育が辿りつつある道程とは路が全く異うのである」と語り、現状の宗教教育の人間観は、危機神学の人間観と相い入れないと述べる。菅原菊三

「危機神学の長所短所」、『日曜学校』一九三三年七月号、日本日曜学校協会、二二三頁。
(13) 桑田秀延『桑田秀延全集第四巻　神学論文集Ⅱ』キリスト新聞社、一九七五年、二四二頁以下。
(14) 赤岩栄『赤岩栄著作集第七巻　新しい人間誕生・ほか』教文館、一九七一年、二六三―二六四頁。
(15) 同右、二六八頁。
(16) 同右、二六九頁。
(17) 同右、二七一頁。
(18) この赤岩の結論は、決して新しいものではない。既に、赤岩の日曜学校廃止の二十年前の「危機神学と宗教教育」論争において、菅原菊三がほぼ同じ結論に至っていた。菅原は、神の言葉の神学に基づく宗教教育の基礎付けを断念しながら、「危機神学は成人の宗教である」と述べ、「而して成人の後世の風波に揉まれた場合、温室宗教ではラチが開かなくなる。宗教的にも矛盾を覚る。其時教会は彼等に『啓示の途』を伝えても遅くはあるまい」と語っていた（菅原、前掲論文、二四頁）。ただし、菅原の場合は、子供の内は、人本的理想主義に基づく従来の宗教教育を行い、大人になったら、福音を語るという折衷案を出していた。赤岩が、日曜学校を廃止したのは、菅原の神の言葉の神学に基づく結論をラディカルに実行したものであると言える。
(19) 赤岩、前掲書、二七三頁。
(20) 同右、二七四頁。
(21) このような教会の子どもとの関わり方は赤岩が最初の小論において、「やめてはいけない」（同右、二六四頁）という内的な声が聞こえると自身で書き、同書のあとがきを書く陶山義雄氏によると、「廃止後に関りの場として子供の好きな教会員有志によって子供会が企画されている」（同右、三一三頁）とある通り、やはり、不自然なことではなかっただろうか。

(22) カール・バルト『教会教義学　和解論Ⅳ　キリスト教的生〈断片〉』井上良雄訳、新教出版社、一九八八年、七頁。
(23) 同右、四八頁。
(24) 同右、五二頁。
(25) 同右、五五頁。
(26) 同右、六七頁。
(27) 同右、六八頁。
(28) 同右、三二四頁。
(29) 同右、四五—四六頁。
(30) 同右、四七頁。
(31) 同右、二九一—二九二頁。
(32) これは、赤岩においても同様であると言えるが、バルトは、だからと言って、子どものことは神に任せて、キリスト教教育の否定を行うことはない。バルトは、数え挙げるべき真実であり、明瞭な事柄の一つとして、幼子が、「キリスト教団の領域内に生まれ成長し、教団の多かれ少なかれ生き生きとした純正な証しを青少年のころから聞き、教団の多かれ少なかれ強健で純粋な生活に関与すること」の大きな利点、また、「両親がそのもっとも身近な者としてのその子供に対して、特別にキリスト者としての証しをしなければならないということを——その意味でその子供の『キリスト教教育』に対して、すなわちその子供をキリスト教信仰へと導き励まし手引きすることに対して、義務を負うているということ」を証明する必要のないことがらとする（同右、二九二頁）。
(33) 同右、三〇一頁。同頁において、「彼らは、彼の御言葉を聞くことができる以前に、すでにイエス・キリストの歴史において語られた、神の権力掌握についての言葉の受取手である」とも強調される。赤岩のように、神の言葉を聞かれない限り何の意味もないものとはしない。

(34) カール・バルト『教会教義学　和解論Ⅲ／4　真の証人イエス・キリスト〈下〉』井上良雄訳、新教出版社、一九八六年、一五六頁。

(35) 同右、一五七頁。

(36) 同右、一六〇頁。

(37) 同。

(38) 同右、一六二頁。

(39) 同右、一六九頁。

(40) 同右、二一〇頁。

(41) 同右、二一二頁。

(42) 同右、二二四頁。

(43) 同右、二二九頁。バルトは、語る。「キリスト教団は、すべての人間に関しての――全被造物に関しての、大いなる前喜びの場所である。さもなければ、それは、キリスト教団ではない」（同）。

(44) 小見のぞみ「牧師・田村直臣と『こども』」、関西学院大学神学部編『子どもと教会――第44回神学セミナー』キリスト新聞社、二〇一一年、一一頁。

(45) S・E・オールストローム『アメリカ神学思想史入門』児玉佳與子訳、教文館、一九九〇年、八六頁。

(46) ブッシュネルの『キリスト教養育』を読めば、彼の目指すところが、人間に本性的に備わっている宗教心を、人為的な働きかけによって、育成していくといった、神の御手の入り込む余地のない教育論ではないことは明らかである。

(47) H・ブッシュネル『キリスト教養育』森田美千代訳、教文館、二〇〇九年、九九頁。

(48)『キリスト教養育』の全訳を行った森田美千代は、「ブッシュネルは、当時力を持っていた個人主義(Individualism)に対して、有機的一体性(Organic Unity)の概念によって対抗しようとした。この有機的一体性の概念は、ブッシュネルの全思想を貫く重要な鍵概念の一つである」と述べる(森田美千代『「キリスト教養育」と日本のキリスト教』教文館、二〇一一年、七八頁)。

(49) ブッシュネル、前掲書、一八頁。

(50) 同右、六四頁以下及び八一頁以下。

(51) 同右、一六頁。

(52) 同右、二二二頁。

(53) 同右、一二頁。

(54) 同右、一四頁。

(55) 同右、二六頁。

(56) 同。

(57) 桑田、前掲論文、二四八頁。

(58) ブッシュネル、前掲書、一七七頁。

(59) 同右、一六六―一六七頁。

(60) 同右、一九四頁。

(61) 同右、二〇頁。

(62) 同右、一三五頁。
(63) 有効召命は、聖霊論と人間論が結びあう教理である。ウェストミンスター小教理問答問三一の答えは、「有効召命とは、神の御霊の御業です。これによって御霊は、私たちに自分の罪と悲惨とを自覚させ・私たちの心をキリストを知る知識に明るくし・私たちの意思を新しくするという仕方で、福音において一方的に提供されるイエス・キリストを私たちが受けいれるように説得し、受けいれさせてくださるのです」（『ウェストミンスター信仰基準』日本基督改革派教会大会出版委員会編、新教出版社、一九九四年、「ウェストミンスター小教理問答」一五頁）。
(64) ブッシュネル、前掲書、一七三頁。
(65) カール・バルト「シュライエルマッハーとわたし」、J・ファングマイアー『神学者カール・バルト』加藤常昭、蘇光正訳、日本基督教団出版局、一九七一年、一三六頁。
(66) ボーレン、前掲書、二三四頁。
(67) 同右、二四八頁。
(68) 同右、二七三頁。
(69) R・ボーレン『聖霊論的思考と実践』加藤常昭、村上伸訳、日本基督教団出版局、一九八〇年、七〇頁。
(70) 同右、一〇四頁。
(71) 同。
(72) 同右、一〇七―一〇八頁。
(73) バルト「シュライエルマッハーとわたし」、ファングマイアー、前掲書、一三五頁。
(74) ボーレン『聖霊論的思考と実践』七二頁。
(75) 同右、一二九頁。

キリスト教教育を通して子どもに教えられる神の愛

江田めぐみ

序論

著者は、牧師になる以前、キリスト教の幼稚園で幼児教育に三十六年間携わった。父が牧師及び園長、母が副園長の環境の中で育った筆者は、自然とその道を選ぶことになった。

母は、東洋英和師範学校時代、ドイツ人の教育者ゲルトールド・エリザベツ・キュックリッヒ先生と出会った。キュックリッヒ先生は、ドイツの教育者フリードリッヒ・フレーベルの教え子である。そんな筋金入りのキュックリッヒ先生から教えを受けた母は、師範学校卒業後もキュックリッヒ先生と共に鐘ヶ淵の幼稚園で働いた。その働きは結婚するまで続いた。

結婚後母は、めぐみ幼稚園で教え、亡くなる年の新学期まで現場に立ち、幼児を愛し神の愛を伝えたのである。母は、二〇歳から九五歳までの七十五年間幼児教育に携わったことになる。そんな人生を母が九五歳まで歩めたのは神さまに守られたからこそであり、母と共に歩めた筆者は神に感謝するものである。

昨今、世の中が目まぐるしく変化している。キリスト教教育の果たす役割も、時代と共に変わっていかざるを得ない。しかし、キリスト教の本質は変えてはならない。キリスト教教育は、神の存在や隣人愛など、キリスト教的人間観や価値観を教えている。

拙論では、「キリスト教教育の礼拝について」、「幼稚園生活」、「キリスト教教育の果たす役割」について幼児教育に携わった経験をもとに、これらのことを考察する。

第一章　キリスト教教育の礼拝について

この章では、(1)教会(2)キリスト教の幼児観(イエスの幼児観)及び(3)キリスト教礼拝と、(4)幼児礼拝について考察する。

(1) 教会

教会は、「町や村を残らず回って、会堂で教え、御国の福音を宣べ伝え、ありとあらゆる病気や患いをいやされた」(マタイ九・三五)イエスのように神の国の福音を宣べ伝え、病を癒し、人々に教えたイエスのみわざとみ言葉を伝えるのである。また、教会は「あなたがたは行って、すべての民をわたしの弟子にしなさい。彼らに父と子と聖霊の名によって洗礼を授け、あなたがたに命じておいたことをすべて守るように教えなさい」(マタイ二八・一九―二〇)と言う大宣教命令を、主から受け、それを委託された使命として受け止めそれを果たすように伝道しているのである。

パウロがエフェソ書で教会は「キリストのからだ」であり、キリストは「教会のかしら」であると述べている。このことは、イエスをキリスト（救い主）と告白して救いを体験した信徒たちの集団、すなわち「神の民」（Iペトロ二・九―一〇）が、その存在の根源を救い主イエスにもつ共同体であることを表明している。その共同体では、「愛に根ざして真理を語り、あらゆる面で、頭であるキリストに向かって成長して」いく（エフェソ四・一五）。

(2) キリスト教の幼児観（イエスの幼児観）

イエスの幼児観については、マルコ福音書一〇章一三―一六節のみ言葉から伺い知れる。人々が、イエスに触って頂くために、幼な子をそばに連れて来た時、弟子たちは彼らを阻止し、たしなめた。イエスは、それを見て憤られたのである。なぜイエスは憤られたのであろうか。なぜならば、弟子たちが、イエスのもとに来る幼な子を阻止したことは、イエスにとって重大なことであったからである。

南信子によれば、「イエスはそれを憤り、かえって幼な子を受けいれただけでなく、神の国は、幼な子のような者の国であり、幼な子のように神の国をうけいる者でなければ、そこに入ることは決してできないと弟子たちに教え、子供らを抱き、手をその上において祝福されたのである[(1)]」。

その時のイエスは、単に温和で優しいと言うものではなく、弟子たちの行動に対して厳しい態度で臨まれ、強く憤られた。一方幼な子に対しては愛情が強くにじみ出ているところではないだろうか。「幼な子の存在そのものが、神の摂理のうちにあり、幼児は大人のように成熟していないが、その未熟な人格において、神の恵み、祝福をうける存在である[(2)]」と言うことを、キリスト教保育者は銘記したいものであると南が述べているように、保育に関わる者は、いかなる幼児も、否すべての幼児を受け入れることを理想としなければならないであろう。

（3）キリスト教礼拝

キリスト教礼拝の根本原理は、真実の礼拝、聖霊の働きからのみ生ずるのである。

聖霊とは三位一体（父・子・聖霊）の第三の位格である。教会の誕生、キリストの働きの継続、カリスマ的な活動、人類の一致の鼓吹力となるもので、助け主であり、慰め主である。また、聖霊は、神の霊、神の息吹、み働き、創造する力、生命の与える主、真理を示す弁護者である。

アバによれば、「礼拝の真実性は典礼の有無によるのではなく、聖霊の力によって礼拝者がキリストの自己奉献にあずかって一致するや否によるのである」[3]。

『キリスト教教育事典』には、「キリスト教の礼拝とは、イエス・キリストと聖霊を仲保者とする神と神の民の公《おおやけ》かつ共同の出会いと交わりの出来事である」[4]と記されている。

従って、教会は共同の出会いと交わりの場であり礼拝することで、神への人間の応答が求められるのである。キリスト教の礼拝は、イエス・キリストにおいて啓示された神に対する、キリスト教会による礼拝である。けれども礼拝は私たちの側からではなく神の側から始まるものであって、神の救いの先行に発する。礼拝は本質的に応答である。まさに、神の恵みの「言」に対する、神が私たち人間とその救いの為になしたもうことに対する応答に他ならない。

応答の行為である礼拝は、この世界に対する神の働きかけに対して信仰を持ってほめたたえる営みのことである。礼拝とは「神をほめたたえる」すなわち、感謝に満ちた応答である。

「礼拝とは救いの信仰と同様に『神の本質とそのみ業に対する人間の応答』であった。しかも、礼拝という応答は信仰という応答と同様に、それ自体が神の賜物なのである」[5]。

神の賜物を頂いている私たちは、礼拝でみ言葉の真実を通して神を知った私たちの心の底から神への応答が出てくるのである。

まさに、キリスト教礼拝は、神と私たちが出会い交わりの場であり、神に対する私たちの応答であり、毎週日曜日教会に兄弟姉妹が集い、神を賛美し祈りを合わせ、み言葉を聞くことで、一週間の糧になっていることは感謝である。

(4) 幼児礼拝

筆者の勤めていた幼稚園の一日の始まりは、朝の礼拝である。心を静かにして朝の礼拝は、月曜日の全体合同礼拝、そして、クラス単位(火~金)で行われる。そこで賛美、お祈り、お話を聞いて一日がスタートする。クラスの皆で心を合わせて礼拝ができることは子どもの心に落ち着きを与える。

月曜日の合同礼拝は、園児約三百名がホールに集まり礼拝を行う。父の園長が亡くなってからは、母が園長となり、筆者が幼児礼拝の説教の担当となった。三歳児~六歳児までの子どもたちに、聖書のみ言葉をわかるようにお話しすることは、大人に説教をするよりも難しい。なぜなら、子どもたちはすぐに聞いたことに対して反応を示すので、聖書の言葉をどこまで分かりやすく子どもたちに話すことができるか、常に課題である。子どもたちのお話を聞く姿を見ていて、逆に子どもたちから学ぶことがあることに気づかされる。従って、筆者は、口だけでなく体全体を使って話をすることもある。

第二章　幼稚園生活

教会付属幼稚園では、キリスト教精神を規範とし、神の愛に根ざして真理を語り、園児たちが愛されていることを、心から喜べるような環境作りをし、幼児の人格形成に貢献することを目指していかなければならない。

筆者が以前、勤めていためぐみ幼稚園の現状を顧み、園の教育を考察する。

（1）園の教育（六領域のカリキュラム）

めぐみ幼稚園の園の方針は、「光の子らしく歩きなさい」（エペソ五・八―九、口語訳）である。このみ言葉のように元気で、明るく、正しく生きることを目標として、神の愛をいただき、隣人に対しても自分と同じように愛することを、教えられるのである。

園章は、ギリシア語の初めから終わりを表すアルファとオメガを組み合わせてデザインされている。

筆者が勤務していた時には、六領域（健康・人間関係・環境・言語・表現・音楽）の分野で、教育がなされていたが、現代は音楽の分野が表現と一緒になり、五領域のカリキュラムになっている。また、めぐみ幼稚園では、キリスト教教育を基礎とし、教会行事に合わせて、イースター・母の日・花の日・父の日・キャンプ・運動会・感謝祭・クリスマス会などを行った。

年に一度の親子遠足、そして、年に五回位の小遠足では、現地に行き本物を自分の手や体で感じ、体験する喜びを味わうことができた。秋の収穫では、子どもたちが泥だらけになって掘るさつまいも・じゃがいも・大根など、おみやげに持ち帰ることができた。

月に一度行われるカリキュラム会では、保護者に園の教育方針を説明すると共に、子どもたちが過ごしている園の様子を紹介する。この会を通して保護者は、子育てに関する共通の意識を持ち積極的に園と関わり、幼児も母親も共に育つ機会となるのである。

その一例として、次の事が挙げられる。入園して間もない未信者の子どもが、幼稚園で食事の前に祈るお祈りを覚えて帰った。夕方の時、その子が「ママ、ご飯を食べる前に神さまにお祈りしないと食べてはいけないよ」と言われ、祈って食べたとのこと。

色々な行事を通して、親と子が共に教育され共に育っていく様子が見られた。

(2) 子どもの遊び

子どもは、遊びが仕事である。遊びを通して色々な感性を身につける。一番人気のある遊びは、「砂場でのお団子作り」である。堅い団子を作り、上から落としても割れない競争や、大きな山を作ってその上から作ったお団子ボールを転がして遊ぶ。次から次へと発想し、夢中になって遊ぶ子どもたちの姿はほほえましい。

動的で常に体を動かすことが好きな子がいるかと思えば、あまり体を動かすことが得意でない子もいる。そんな子どもは、池の鯉とお話をしている。いずれにしても、園にはこの子どもたちの居場所がある。そして、色々な遊びが子どもたちによって展開されていく。特に他人と上手く関われない子どもが、動物たちとお話をしたりする姿を見ることができる。

めぐみ幼稚園では、犬六匹を始め、猿、猪、ガチョウ、山羊、ウサギ、にわとり、インコ、山鳩、鯉、ナマズ等がいて、小さい動物園のような環境である。その中で、子どもたちが好きな動物たちと自由に触れ合ったり、食事をあげたりすることができる。にわとりとチャボを放し飼いしているので、草むらに生んだ卵を見つけると、そっと手の中に入れてくる子どもがいたり、犬と一緒に走り回ったり、ヤギやウサギに餌をあげたりする。遊びの中からいろいろな体験をして、他者への思いやりや、優しさが生まれる。

ある時は、動物の死と出会い、心の痛みや悲しみを経験する。それらを通して他者への気配りも知らないうちに身につけていく。また、命を大切にすることも学びとるのである。

(3) キャンプを通して教えられた神の愛

「わたしはぶどうの木、あなたがたはその枝である」（ヨハネ一五・五、口語訳）。この御言葉は筆者が牧師になる前に、三十六年間働いていた幼稚園の、夏のキャンプの主題テーマである。

毎年、夏に相模湖ピクニックランドでキャンプを行う。初めて親元から離れて一泊するキャンプは、期待と不安が入り交じり、出発する時、親にとっても、子どもにとっても、離れがたい光景を毎年見る。中には出発前から、お腹が痛くなってしまう子どもや、寂しくてしくしく泣いてしまう子どもを見かける。それとは正反対に、ハイテンションの子どももいる。

スクールバスでの移動中、歌を歌ったり、クイズをしたりして約一時間二十分かけて、山の上のキャンプ場に着く。

大きなバンガローの食堂に集まり、オリエンテーション。その後、開会礼拝。開会礼拝のお話で、「まことのぶどうの木」を筆者が語る（説教要旨の一部を記す）。

今、私たちは、ぶどうの枝にたとえられて、イエス・キリストが幹である。そして父なる神は農夫であり、私たちは、イエス・キリストという幹を通して、生ける神につながっている。ですから、つながることで、良い実を結ぶことができる。イエス・キリストと共に生きる人生には、そこからしか来ないものがある。それを忘れては実がなることができない。

農夫は実の実らない枝を取り除く。実を実らせる枝は、そのままにしておくのではなく、いよいよ実を結ばせるために、これをきれいにする（刈り込む）。実を結ぶのは、イエスさまが、私たちの中に働いてくださるからである。私が生きて働く結果ではない。ということは、真に力あるのは、イエス・キリストであって、私ではない。

イエス・キリストにとどまっている時、他のために実を結ぶだけでなく、それは自分のためにもなるということである。なぜならば、自分を捨てて神と一つになる時その祈りは、成就する。また、「わたしがあなたがたを愛したように、あなたがたも互《たがい》に愛し合いなさい」（ヨハネ一五・一二）と言う相互の愛を私たちに教えて下さっている。

「わたしはぶどうの木、あなたがたはその枝である」（一五・五）と、言うことは、ぶどうの枝になりなさいと言っているのではない。ぶどうの枝として下さっており、それは神の恵みである。主が、あなたはぶどうの木であること、私の大切な枝であると言って下さるのである。ですから、そのキリストの愛のうちに留まっていなさいと、み言葉は招いているのである。

説教の後、プール遊び、夜には、花火とキャンプ・ファイヤーと続く。人という字は一人ではなく、人と人が寄り添うと書く。その寄り添う姿の微笑ましい光景が見られたのは、子どもたちが、それぞれのテントに分かれて寝た時である。

キャンプ・ファイヤーで高揚した子どもたちが、それぞれのテントに散っていく姿を見送る。しばらくたって、子どもたちが寝たであろう頃、筆者はそれぞれのテント一つずつを見回った。すると、あるテントの中で、一人の女の子が小さな声で、しくしくと泣いていた。筆者はその子に、どうしたのかと聞くと、「ママにあいたい……」と言う。筆者はキャンプに来て、寂しくなったら、「お友達や先生と手をつなぐといいよ」と話してあった。まだ起きていたお隣の子がそのことを思いだしたのか、泣いている子の手をつないでくれた。筆者は、しばらく落ち着くまでその場に一緒にいた。一緒に手をつないでくれたお友達も、その子に一生懸命に話しかけてくれた。

翌朝、昨日泣いていた子が気になっていたが、ふと見ると、昨日の二人の子が一緒に手をつないで朝の散策をしていて微笑ましく、昨夜の泣き顔は、笑顔に変わっていた。

朝の散策の後、広場で体操をした後に朝の礼拝で、筆者は「少年ダビデ」のお話を子どもたちにした。その時、少年ダビデは、神さまから素敵な力を与えられていて、あの大男のゴリアテ（新共同訳ゴリアト）を小石一つで倒すシーンを筆者がダビデ役になって実演して見せた。次に、子どもたちにもダビデ役をさせ、ゴリアテを倒させた。そのシーンは、毎年人気である。少年ダビデのように、たとえ小さな子どもでも、大男のゴリアテに立ち向かう勇気が神さまから与えられることをこのお話を通して、子どもたちは知ったことであろう。

このキャンプを通して、また、子どもたちは、神さまから勇気をもらい、自分の力ではできないことができたという自信がつき、一回り大きくなって、親元に帰る姿も輝いていた。

昨今、色々なことがちまたに満ちあふれている。しかし、人の心はどうなっているのか。

今、一番大切にすることは何かを、考える余裕もなく時の流れに身をまかせている人が多くいる。しかし、私たちはそうであってはいけない。私たちは、何時も神さまに守られていることを忘れてはいけない。

一番大切なことは、「みんな違ってみんないい」と言うように、多様性の中にも同じ心で共に生きることが大切である。そして、一つの交わりの中でも、それぞれの個性や独自性は重んじられなければならない。たくましくこの時代に向かい合うことのできる人として、正しく勇気をもって生きる人間を育てていくことである。

喜びは、すべて私たちがイエス・キリストにつながっているところから来る。ぶどうの木であるイエス・キリストは、その枝を持っている。その枝とはあなたである。ぶどうの木は枝に樹液を送る。そのように、イエス・キリストは神の永遠の愛を、私たちに送られている。私たちは、イエス・キリストに愛されることによって、互いに愛し合うことができるのである。

私たちは、大きく神さまの愛を感じて、「わたしはぶどうの木、あなたがたはその枝である」とおっしゃる主に委ね、心豊かに、前に向って歩んでいきたいものである。

(4) クリスマスの集い

めぐみ幼稚園ではクリスマスの集いを毎年I市民会館で行っている。約千人の観客の前で、年長組の一組三十五名がページェント(降誕劇)を行っている(三組合同の年もあった)。

降誕劇で歌う歌は、親から子へ子から孫へと歌いつがれている。歌のいくつかは、筆者が作詞作曲。中でも「トントントン」の宿屋さんの歌は、とても人気があり、すぐに歌える歌であった。

昼休みには、降誕劇で歌う歌を鼻歌で歌ったりしながら、遊びを展開すると、数人の子どもたちは、歌に合わせそれぞれ自分の役を演じた。

このクリスマスの集いの当日、卒園生約百人が集まり観劇後は、かつて演じた共通の思い出話や、お互いの近況報告を交換できる場になっている。歌の好きな子どもは、あの大舞台でマイクを通して歌ったことが忘れられず、後に芸大に入った子どももいた。

第三章　キリスト教教育の果たす役割

（1）キリスト教教育・保育がこれから守っていくものは何か

キリスト教教育は、キリスト教信仰に基づいて行っている。一人ひとりの人間を徹底的に問題にしている。ルカによる福音書一五章一―七節の「見失った羊」の譬えの話の中で、イエスはこう語られている。「あなたがたの中に、百匹の羊を持っている人がいて、その一匹を見失ったとすれば、九十九匹を野原に残して、見失った一匹を見つけ出すまで捜し回らないだろうか」と。ここには、いなくなった一匹の羊を探しに行くだろうということが語られている。

この譬えは、百匹の中の一匹の羊の値打ちは決して百分の一ではなく、やはり一匹の値打ちがある。すなわち、一個人の尊厳の価値を示している。

イエスにとってはいなくなった一匹の羊を探しに行くということは、かけがえのない一匹であるので、それは九十九匹にとって代わるものではないということである。そこには、一人の人間である「あなた」が私にとっては見失うことのできない大切な一人なのだということである。

私たちも主イエスに守られている子どもたちを大切にしよう。

キリスト教教育は、人間の問題と深く関わる教育である。そこでは、人間の弱さ、罪、救いが問題にされねばならない。

今、教育に欠けているものは、情熱や子ども一人ひとりを把握することであると思われる。これを解決するためには、指導者が情熱をもって子ども一人ひとりに注目し、その人を真実に生かす根拠を明確にすることである。そして、人間の尊さを伝えることに意味と責任があることを伝えることである。

本来教育は、人間を人間たらしめる根拠であり、その基底を明らかにすることである。ここには教育の基本姿勢がある。人間を人間として育てていくことは、知識や技術を無視するわけにはいかない。また、それによって成し遂げられるものではない。自らがこの世の中に存在して生きることの意味と根拠に目を向けることがなければならない。

キリスト教教育は、人を生かし、人に真実の生命を与えてくれる。人を生かす教育の営み、それはキリスト教がこの時代の中で担われている使命である。そこには希望と生命を与えることができる。また、キリスト教教育は、「人の生命を尊ぶ教育をなす務め」を担っていかなければならない。

キリスト教教育・保育の中に建学の精神が生きている限り、教会が福音に立ち生命を持っている限り、信仰はこの時代に力を持ち、希望を支え、光を与えることができることを教えていかなければならない。

キリスト教の福音は、人間をキリストにあって新しく造り変え、神との関係を回復し、新しい人間として生かす指針である。キリスト教教育は人間の成長や発達の過程の中で、その人間の生の根拠と意味を問う使命を担っていかなければいけない。

(2) キリスト教の本質は変えてはならない

キリスト教教育の本質は、キリスト教信仰に基づく教育を行うことによって、この世に仕えることである。また、一人ひとりのかけがえのない価値を問い、人間を真実に人間としての根拠と基盤を持つことである。

昨今は、機械文明の中で、生きている子どもたちの心がハードに作られている。子どもたちの多くは、昔の人のようにソフトで、人情味のある人間関係を作ることが苦手で、自分の感情すら上手くコントロールすることができず、すぐに「切れて」しまう。その結果家庭や社会の安全安心を脅かす現象となって表れている。

このような時代に生きている私たちが今求めているのは何であろうか。

それは、人間が人間として生きることを伝えていくことである。

マルティン・ブーバーは、「我と汝」「我とそれ」の二つの源語を持つ人間に、「我と汝」の関係の大切さを知らせる教育がいま求められていると説く。若者も老人も孤独の中では生きられない。人が生きていくためには、共に生きる温かさ、意味、生きがいを与えることが求められている。

今、心の教育が大事だと言われる中で最も必要とされているのは教育への熱情であり、教育への愛である。一人の人間をかけがえのない存在として、尊重していく教育が求められている。そのために、私たちが神の深い愛に生かされている喜びの中で、私たちは、具体的な愛の実践の業を伝えていくことである。

愛の実践の業は、喜んで人のために働き、人のことを思いやり、共に生きる人間を創りだすことである。

これまでの日本の教育を見ると、つめ込み教育で、短時間に多くの知識を得させることや、正解が先にあり、その正解に到達できるような技術、方法を教えていた。

しかし、これからの時代は、キリスト教教育・保育の中で、一人ひとりの魂、人間の心と深く関わっていくものでなければならない。また、子どもたちに生きる力を与え、生きることに希望を与えられる営みの教育をすることである。

結　語

これまで、筆者の三十六年間の経験から、「キリスト教教育の礼拝」「幼稚園生活」「キリスト教教育の果たす役割」について考察してきた結果、キリスト教礼拝は、神と私たちが出会う交わりの場であり、神に対する私たちの応答である。その際、私たちは「霊とまこと」をもって礼拝する必要がある。

教会付属幼稚園では、キリスト教精神を規範とし、神の愛に根ざして真理を語り、園児たちが愛されていることを、心から喜べるような環境作りをし、幼児の人格形成に貢献することを目指していかなければならない。また、幼稚園生活の中で、キリスト教教育を基礎としたみ言葉の真実を通して神を知る子どもたちの心の底から、神への応答を礼拝を通して育てていくことである。

子どもの五感が一番発達するこの時、子どもの目で見て触れて本物を体で感じ、子どもと親が共に教育を通して育っていくことは、大切なことである。

これからキリスト教教育で、やるべきことは、人間の成長や発達の過程の中で、その人間の生の根拠と意味を問い、人の生命を尊ぶ教育をすることである。

人の「心の教育」が叫ばれている中で、最も必要とされている教育の情熱と愛を持ち、一人ひとりの人間をかけがえのない存在として、尊重していく教育でなければならない。

注

（1）黒田成子・松川成夫・奥田和弘・今橋朗編『キリスト教幼児教育概説』日本基督教団出版局、一九七四年、三五—三六頁。
（2）黒田成子他、前掲書、三六頁。
（3）レイモンド・アバ『礼拝——その本質と実際』日本基督教団出版部、一九六一年、一六頁。
（4）今橋朗・奥田和弘監修『キリスト教教育事典』日本キリスト教団出版局、二〇一〇年、四一四頁。
（5）レイモンド・アバ、前掲書、一四頁。

日本の教会学校における一考察

上野峻一

はじめに

日本において教会教育が論じられる時、教会教育学なるものが十分に確立していないことは既に指摘されている。[1]けれども、一九六〇年代、高崎毅は主著『基督教教育』において、キリスト教教育という包括概念の中に「教会教育」を位置づけている。[2]それは、「教会」あるいは「家庭」「学校」「社会」などを、キリスト教教育の実践の「場」として捉えた分類である。また同時に高崎は、この分析において、キリスト教教育という概念それ自体が、実は「教会」を抜きにしては生み出されなかったことに言及している。[3]つまり、教会教育は、すべてのキリスト教教育の出発点であり、その根幹であると主張する。

今日に至るまで、キリスト教教育が、たとえ教会から切り離されていたとしても、一般社会において位置や機能、成果をもって受け取られてきたことは事実である。またキリスト教的な教育思想、キリスト教主義や精神に基づいた学校教育や幼児教育は、キリスト教的人間形成や福音伝道にとっても意義がある。このことは、非キリスト教国の日本では、明治期、宣教の初期から現在に至るまで欠かすことのできない伝道の可能性であり、今後も理論や実践において神学的な研究をもって取り組むべき課題となる。本論文では、以上を前提として、現代の教会教育の展望を見据えるために、教会教育の代名詞ともなりうる日本における教会学校の変遷を整理しつつ、その目的について考察する。

1、日本の教会学校の変遷

教会教育の対象と領域は、子どもだけにかかわらず、性別や年齢も問わず、その方法論も多岐にわたっているが、信仰を伝えていく教会の試みであることは確かである[4]。日本の教会学校は、初期から教会教育の中心的な事柄であり、日本の教会教育を考察する上では、日曜学校の歴史を概観することは欠かせない[5]。日曜学校は、歴史を子どもへの一般教育と教会教育のアプローチとして重要な役割を担ってきた。そのため、ここでは、はじめに日曜学校の創始者とされる十八世紀イギリスのロバート・レイクスの事業を振り返り、次に日本の日曜学校に対して先駆的な働きをした田村直臣のキリスト教教育について考察する。その上で、日本の日曜学校から現在の教会学校に至る推移と現状の把握を試みる。

(1) ロバート・レイクスの日曜学校

日曜学校（Sunday School）、その名称と事業は、産業革命が始まって間もない一七八〇年英国のグロスターにおいて英国教会の信徒ロバート・レイクスによって始められたとされている[6]。ただし、それ以前にもイギリスにおいて教会教育を実施していた記録は残されており、[7] 子どもを対象とする教会教育の実践についても、初代教会から洗礼・堅信礼を巡る議論の中で繰り返し論じられている。[8] あるいは、一五六〇年にはカテキズム教育によるジョン・ノックスの日曜学校もあったとされる。[9] これらの共通点は、日曜学校にみられる教会教育が、伝統的な文脈において、教会の教育的職務として行われてきたことである。[10] そのため、日曜学校の始まりを、レイクスの日曜学校運動にみることには以前から多くの批判がある。[11] しかし、それよりもむしろ、このような議論の中で問題となるべきは、そもそも「日曜学校とは何か」という問いであろう。

レイクスの日曜学校は、現在の教会学校と比べると明らかに内容も形態も異なっている。レイクスの日曜学校は、産業革命期における貧しい生活環境の中にある子どもに対する、教育的な関心から生じた慈善事業の一環とされる。[12] 深町正信は「レイクスの日曜学校の目的は『教育の貧しい子供たちに、週日の仕事の邪魔にならないようにして、教育の機会を提供すること』であった。また、『子供たちや他の人々に読む力を教えることであり、また彼らに理性的、責任ある存在としての義務に関する知識を教えること』でもあった」[13] と言及している。

さらに、先の日曜学校の始まりが、レイクスに起因するのかという議論において、エルマー・タウンズは以下のように分析する。十八世紀初期に既にいくつか形成されていた日曜学校と比較すると、レイクスの日曜学校には四つの特徴があり、「第一に、レイクスの学校の基礎は一般教育であったのに対して、以上の初期の学校群は主として宗教教育のためのものであった」[14] と言われる。続く第二は、レイクスの日曜学校は世間に認められて発展したが、他の学校群は一部受容されただけで消滅したということであり、第三はレイクスの生徒たちは、ただ教理問答教育を受けるというよりは、むしろ直接聖書を学んでいたという。そして第四は、レイクスの学校が福音主義的であり、ウェスレーなどの説教にみられるような「決断」や「信仰告白」はないが、学生への道徳の影響や生活設計の評価が福音主義的前進のしるしであるとする。[15]

ここに記される決断や信仰告白のない「福音主義的」とは何を指すのか疑問は残るが、レイクスに始まる日曜学校とは、教会教育の一旦を担いつつも、それ以上に一般教育や慈善事業としての関心をもっていたことは明らかである。だが一方で、このような一般教育的な性格を色濃くもつ日曜学校だったからこそ、より社会に普及し、継続的な成果を生み出したとも言える。他方、レイクスの日曜学校の背後では、教区学校や彼の日曜学校にも含まれていた教会教育としてのカテキズム教育なども、実施し続けていたと考えられる。

このレイクスの日曜学校が、アメリカを経由して日本へと渡ることになる。アメリカにおいて日曜学校を最初に組織したのはメソジスト派と言われる[16]。アメリカの初代監督として、ジョン・ウェスレーから按手礼を受けたトマス・コークと共に派遣されたフランシス・アズベリーは、メソジスト監督教会における日曜学校の計画として八つの具体的提案を挙げている。それらは一般教育と宗教教育を踏まえたレイクスの思想を受け継いだものであった。このアメリカにおける初期の日曜学校に対して、その計画や教会への導入に批判があったとされる[17]。さらに、日曜学校がアメリカにおいて定着し始めると、教会との関わりにおいて日曜学校の目的や具体的な組織などが問われる。メソジスト派に限って言及すれば、十九世紀初頭の日曜学校全体の改革は、信仰復興運動の影響を受けていた[18]。この過程において、レイクスが始めた日曜学校は、教会などの周囲の情勢を受けつつ、変化を余儀なくされていく。一八三〇年代には、一般教育が普及するとともに、日曜学校は信徒有志の伝道の場となり、あるいは大人への教育の一環として、教える内容も聖書や信仰に関することが中心となる[19]。そして、このような状況の中で、日曜学校は宣教師たちによって日本へと伝えられたのである。

(2) 田村直臣の宗教教育

日本の日曜学校の歴史において、田村直臣が実践した日曜学校は、今日の教会教育を考察する上で十分な思索を与える。一九〇七年に出版された田村の『廿世紀の日曜学校』は、恐らく日本で最初のまとまった日曜学校論とその具体的な方法とされる。[20] この著作は、具体的な日曜学校の対象であり、課題となる「子ども」の理解を視野に入れた理論から実践へと向かう形態が整えられている。けれども、キリスト教教育の実践としての日曜学校という観点からすれば、神学的な考察が不十分である。それは、彼自身が日曜学校の使命を問う際に、何よりもまず一般教育という視点であることに通じる。[21] また、このことは田村がバルト神学に対して、痛烈に批判していることからも明らかとなる。[22] しかし、田村が日曜学校を展開する上での注目した「子ども」という視点、教育学や心理学からのアプローチは、現代の教会教育の課題と実践において、重要な示唆を与える。田村直臣の生涯を概観しつつ、彼の展開した日曜学校における特徴に言及する。

田村直臣は、一八五八年、植村正久と同じ年に大阪で生まれる。築地大学校に学んだことをきっかけにして、キリスト教禁令の高札撤去の翌年、一八七四年に長老派の宣教師のクリストファ・カローザスより洗礼を授けられた。[23] その後、田村はカローザスと共に東京一致教会の設立にも関わり、一致神学校にて学び、一八七九年には按手を受けて牧師となる。三年間の牧会を経て、田村はアメリカに留学し、オーバン神学校を卒業してからプリンストン大学へと移り心理学を専攻する。修士号を取得して帰国後、日本での牧会と幅広い活動に着手するが、日本社会は欧米化の風潮から一変して、徐々に日本主義へと傾いていく。そして、「日本の花嫁事件[24]」によって一八九四年の日本基督教会大会において、田村直臣は教職を剝奪されることになる。それから田村は、植村正久の死後、一九二六年に巣鴨教会が日本基督教会への復帰を許されるまで、三十二年の間、単立の巣鴨教会の牧師として過ごすのである。[25] このように田村の生涯についての概略を追ったが、特に彼の留学時代の経験と学びが、その後の人生に多大な影響を与える。また、留学時代の心理学への傾倒が、田村が日曜学校を展開していく上での基礎となる。

田村の日曜学校の展開は、先の『廿世紀の日曜学校』にみることができる。まず彼の日曜学校の位置づけは、国が公教育において宗教教育を禁じているため、私立学校がそれを施し、ここにおいて日曜学校が最も宗教教育を施すにおいて大切な場所であると述べる。[26] これは、田村にとって日曜学校が、「教会」であるべき必要がないと考えられていたと言える。もちろん、当時の日曜学校は、必ずしも教会では行われていなかった。戦前から戦後しばらくは、日曜学校が母体となって、新しく「教会」が生み出されていくという過程は数多く見られる。また、田村は、信仰復興に対して明確に反対の立場をとりつつも、教育において子どもをキリストに導くことが伝道の最もよい方法であると言う。[27] しかし、『廿世紀の日曜学校』の序文において「日曜学校は其名を示すごとく一個の学校である。伝道する場所ではなく教育を施す場所である」[28] と明示するように、田村にとって日曜学校の第一の目的は伝道ではなかった。

田村の第一義的な関心は、日曜学校において具体的に教育を施す「子ども」へと向けられている。田村は自己の子どもへの関心について、自伝の中で、「私は生来子供が好きで、日曜学校を教ふるは、一ツの楽しみであった。日本の教師中、私の如く、初めから、子供に熱心であった者は、稀であったらふと思ふ。私は日曜日に子供を教ふるか、又は子供に話をするかして、子供の顔を見ない日曜日は一日もなかった」[29] と述べる。彼は生涯において、子どもに対する自覚的な課題をもっており、「子どもの権利」への言及や日曜学校関係の組織などの責任を担い、児童文学に関するものも若い時期から執筆している。[30] この子どもへの意識は、『廿世紀の日曜学校』の教授法に関する項目にも明確に表れている。田村は、宗教教育の対象を三歳から二十三歳と定め、「幼稚、年少、少年、青年、丁年」と分類し、それぞれの年齢幅に合わせた展開の方法を提示する。[31] これは、現代の教会学校の教案と比べても非常に細かい分科である。田村はスタンレー・ホールをはじめ多くの心理学者や教育学者などを引用しつつ、心理学や教育学の分野からの日曜学校の展開をみせる。

田村の『廿世紀の日曜学校』に見られる日曜学校の展開は、まさに「子ども」に対しての具体的な方法に集中したものであった。このような田村の日曜学校が、神学的な根拠や考察を欠いたものであると結論づけるのは簡単であろう。しかし、現代の教会教育の課題を再考する時、仮に神学による論理的な基盤と目的を示すならば、田村の子どもへの関心と一般諸科学からの具体的な方法や展開は、教会教育の実践形態として検討するに十分な価値があると考えられる。[32]

（3）日曜学校から教会学校へ

日本の日曜学校の歩みをふり返ると、日本では第二次世界大戦を経て、その反省から大きな変化がある。[33] 日曜学校から今日の教会学校への流れの中に、日本において日曜学校という名称から教会学校への名称変更がある。日曜学校は、第二次世界大戦時の反省を踏まえつつ、戦後のキリスト教ブームの中で、引き続き教会の伝道の場としての役割を担っていく。具体的な各個教会の事例を見てみると、教会員が平日に自宅を開放し、牧師を呼んで日曜学校を行っていたことなどが挙げられる。[34] 戦前から戦後に変わっても、日曜学校から「教会」が生み出されることは珍しくはなかった。また、カール・バルトなどの弁証法神学のもとで、田村直臣をはじめとする戦前にみられた宗教教育に代わって、キリスト教信仰の固有性に基づく教育の主張がなされる。一九五一年には、日曜学校協会が中心となって構成された日本基督教育協議会が「教会におけるキリスト教教育の目的は、イエスを救い主と信じ、父なる神との交わりに入れさせ、聖書における神の意志にしたがって生活させることである」と教会教育の目標を明示している。[35] このような中で、一九五四年に出版されたアメリカの神学者ジェームズ・スマートの『教会の教育的使命（原書：*The Teaching Ministry of The Church*）』は、キリスト教教育が「教会」の教育的な職務として、イエス・キリストによって委ねられた教会の務めとして位置づけた。[36]

この変遷にあって、日曜学校から教会学校への名称変更が徐々に一般化することになる。日曜学校は、教会が主体となって担うべき教育的な務めであり、また日曜日だけでない教会の教育的な働きにも関心が注がれた結果である。(37) これらのことを教育学の視点から言えば、「日曜学校」というものは、ロバート・レイクスによって始められた公教育の先駆けとして認知されるが、「教会学校」はその位置をもっていない。(38) けれども、このことは、かえって教会における教育的な職務、教会教育の独自性を現わしていると考えられる。これは、教会学校にあらわされる教会教育というものが、一般教育にみられる「教育」とは、決して同質のものではないとする見解につながる。近年では「子どもの教会」という表記も見られるが、(39) 日曜学校から教会学校への名称変更における第一義的なことは、教会教育という本質が問われた結果、教会が主体であり、その責務を担うべき中心として再認識されて生じた出来事ということができる。

2、教会学校の三つの目的

教会教育における研究の系譜を、仮に大きく二つに分類するならば、一つはイエス・キリストの教育である。これはイエスの教えに注目し、イエスに倣う教育と言い換えることができる。(40) もう一つは、洗礼・堅信礼にみられる受洗志願者教育（カテクーメナート）である。これは、古カトリック教会から現在に至るまで、教理問答、カテキズム教育を中心として展開された教育と言い換えることができる。(41) 教会学校は、自覚的あるいは無自覚的であるにせよ、これらを踏まえて、「目的」を定めつつ実践してきた。すべての教派や教会を扱うことはできないが、実際に用いられる教案誌に提示される教会学校の目的を、人格陶冶、福音伝道、信仰継承に大別して考える。確かに、これらは決して単純に分けられるものではなく、重なり合うものである。けれども、敢えて教会学校の目的を分類することで、現代の教会教育の課題を自覚的に捉えることに繋げる。

(1)人格陶冶(キリスト教的人間形成)

人格陶冶とは教育学の用語であり、陶冶という概念は外から形づくることを意味する。それは、人格をつくり上げる教育の目的となる言葉である。R・C・ミラーは「キリスト教教育の目的(purpose)は、各個人がキリスト者として生きる決断をするように導くことである」[42]と述べる。確かに、彼にとってキリスト教教育の中心は、人間ではなく神である。[43]けれども、キリスト教的人間形成において、神主導的な人間形成には、それに応答する人間の教育的行為が伴うのである。[44]この神を中心としたキリスト教的人間形成、キリスト教教育における人格陶冶の固有性がある。この具体的なものとして、戦前の日曜学校における『日曜学校の友』[45]では、「日曜学校の当事者は、……小さきメシヤとして、イエスの聖足の跡を喜んで辿る者となるつもりがなくてはならぬ」そして、「SS〔日曜学校〕は溌溂たるイエスの教育精神とメソードとに活きる――人格運動である」と言う。[46]このことは、別の教派的な流れをもつ『日曜学校』[47]においても同様のことが言える。しかし、日本の教会学校の歴史から明らかなように、キリスト教教育が「宗教教育」に取って代わられ、日本の社会情勢に大きく左右されることになると、徐々に、この目的に掲げられた本質を見失っていったのも事実である。

現代のキリスト教教育において、この人格陶冶は注目すべきテーマでもある。二〇一三年には、韓国基督教教育学会が主催する国際学術セミナーにおいて、「グローバル化時代におけるキリスト教的人間形成と教育」と題して国際的な議論がなされている。[48]もちろん、キリスト教的人間形成が取り上げられるのは、キリスト教教育の場として「教会」よりも「学校」において顕著である。けれども、この目的は、教会教育と学校教育とのかけ橋のような役割さえ考えうる。教会教育においても、キリスト者として救われた者の生き方、キリスト教的人格が問われるのは自明の理であり、キリスト者へと導くため、あるいは聖化や弟子訓練として、人格陶冶の目的を捉えることは可能であろう。先の教会教育の二つの流れで捉えるならば、イエス・キリストの教育の傾向が強い目的ではあるが、単に「イエスさまに倣いましょう」ではなく、「イエスさまを信じる者としての姿」を提示することは、教会学校の重要な目的と一つであると言えよう。

(2) 福音伝道

福音伝道ということは、教会学校それ自体を「伝道（Mission）」として捉えると、教会学校の目的の一つとして位置づけることに疑問が生じる。福音伝道とは、「福音の宣べ伝え（Evangelisation）」の意味であり、教会の存在意義や中心的な使命である「伝道（Mission）」と敢えて区別をする。[49] 一九四二年の第二次世界大戦の最中、前年の日本基督教団成立を受けて廃止された『日曜学校』と『日曜学校の友』に代わり『教師の友』が刊行された。その「創刊の辞」では、従来の日曜学校の宗教教育への傾倒や日曜学校独自の専門性を追求することに対して反省し、日曜学校を教会中心とすることが述べられている。[50] また、日曜学校を教育的伝道の第一線と位置づけてもいる。[51] 確かに、ここには戦時下の日本の国家体制の中にある奇異な叙述も多く見られ、当然のことながら各部の代表者からのコメントにおいて一致は見られない。しかし、「吾等の日曜学校は、主の体である教会の伝道の貴き第一線に立つことを自覚し、福音の真諦を基礎として、児童の心霊を錬成せねばならぬ[52]」と、この時点での教案誌の目的は一応のところ方向づけられていた。

一九七九年に日本基督教団福音主義教会連合から発刊された『教会学校教案』には、その序文に「信仰によって福音を語る[53]」と記されており、さらに「この教案は福音主義といっても幅広い言い方であるが、カルヴィニズムの流れの中での聖書解釈を基本としている点での立場を明瞭に示しているものである」[54]という。ここには、福音主義に立って伝道を目的とすることが明示されている。また従来のものを一新するかたちで、一九九四年にバプテスト連盟から発刊された『聖書教育』では、「教会学校の目的はその活動を通してすべての人々がイエス・キリストを信じる信仰告白に導かれ、生の全領域において主を証しする生活を確立することにある」[55]とある。信仰告白に導くことは「信仰継承」ではないのか、生の全領域において主を証しする生活はキリスト教的人間の形成である「人格陶冶」ではないのか、という指摘もあるだろうが、その後の文章には、「伝道の業」につくことが明示されている。[56]このことからも「福音伝道」という目的は、中核的な位置にあることがわかる。しかし、それだからこそ、現代の教会学校が常に意識をしなければならない第一の目的であり、中心的、且つ包括的な目的なのである。

(3) 信仰継承

教案誌として「信仰継承」の目的を明確に打ち出しているものの一つは、全国連合長老会日曜学校委員会の『カテキズム教案』である。その創刊号の巻頭言には、信仰の継承を、教会が信仰の言葉、教理によってなされることが記されている。[57]また、この教案誌を用いるための『日曜学校ハンドブック』(キリスト新聞社)にも同様の目的が明示されている。[58]もちろん、ここにも「福音伝道」の意識は当然のように含まれ、言及されている。[59]信仰継承を明確に主張しつつも、包括的な福音伝道を考えているのである。また教案誌ではないが、「信仰継承」ということを目的とされる二つの書物がある。一つは、洗礼・堅信志願者教育を目指した実用的なものとして『10代と歩む 洗礼・堅信への道』がある。これはハイデルベルク信仰問答などに基づくカテキズム教育の形式によって構成され、信仰の言葉を継承する意識を展開している。[60]もう一つの書は、『みんなのカテキズム』(一麦出版社、二〇〇二年）が挙げられる。これはアメリカ合衆国長老教会の教理問答書の翻訳となっているが、教会学校で用いることも視野に入れているものである。この序文には「日本の教会において、信仰の継承、育成ということを考え直すきっかけになることを切に願うものである」[61]とあり、「信仰継承」を目的とした教会学校で使用するには相応しい。

これらのことは、洗礼準備教育で用いられる可能性をもつが、教会教育の歴史をみれば、必須であったにもかかわらず、目的意識として欠けていたところを指摘する。教会の信仰は、初代教会から宗教改革を経て受け継がれてきたものである。そして、キリストの体なる教会に連なる洗礼・堅信礼は、教会が一体何を信じているかと最もはっきりと示されるべき出来事となる。つまり、教会学校が明確に目的を掲げ、目指すべきものは、人格陶冶においても、福音伝道においても、信仰継承においても、まさに洗礼・堅信礼へと導くことにあるのではないか。

おわりに

日本の教会学校の変遷と目的を考察する中で、教会教育において洗礼・堅信礼への意識を高める必要があるということに気づかされた。Gordon S. Mikoski は、教会教育の中核を洗礼・堅信礼に位置づけた上で、三位一体の名による教育ということを展開する。彼は「キリスト教人間形成の三位一体の実践神学の発展は、洗礼のサクラメントと三位一体の教理、教会教育の実践のダイナミックな相互作用の方法によって、最もよく進む」[62]と述べ、この中核としての役割をもつのが洗礼であると言う。[63]教会教育の中核となるべきものは、洗礼・堅信礼であり、それゆえに教会学校の目的もまた、このことに中心性をもって検討していくことが求められる。それは人格陶冶が何に向かうのか、福音伝道とは何か、信仰継承の意味を問う上でも、最も大事な目的の方向性である。

現在、日本の教会学校をみる時、少子高齢化の社会情勢にあって、子どもを取り巻く生活環境は著しく変化し、困難は極めがたいところに立っている。けれども、それは今も昔も同じことである。レイクスの始めた日曜学校も、田村の日曜学校の展開も、その時代における教会教育の応用的なアプローチや方法論から、それぞれ多くの実りを得てきた。もちろん、そこには失敗や危険が伴ったことも事実であろう。しかし、どのような時代も、教会が主体となる教育の業の目的を明確にし、その中心と本質を捉え、恐れずにチャレンジしていくことは決して変わることない。そして、そのためのキリスト教教育の理論と実践が、これからも連綿と続けられていくことこそが、新しい可能性を生み出すのである。

注

（1）朴憲郁「教会教育学の出現とその特性」、『キリスト教教育論集』20号、日本キリスト教教育学会、二〇一二年三月、二頁。

（2）高崎毅『基督教教育』新教出版社、一九五七年、二九頁。

（3）同右、五頁。

（4）George Thomas Kurian and Mark A. Lamport, *Encyclopedia of Christian Education* volume one, (Rowman & Littlefield: 2015) p. 243.

（5）ＮＣＣ教育部歴史編纂委員会編『教会教育の歩み――日曜学校から始まるキリスト教教育史』教文館、二〇〇七年、奥田和弘『キリスト教教育を考える』日本基督教団出版局、一九九〇年など。

（6）George Thomas Kurian and Mark A. Lamport, *Encyclopedia of Christian Education* volume three, (Rowman & Littlefield: 2015) p. 1228. または、『キリスト教教育事典』日本キリスト教団出版局、二〇一〇年、三一二頁。

（7）大森秀子「アメリカにおけるメソジスト監督教会日曜学校運動」、青山学院大学総合研究所『ジョン・ウェスレーと教育』ヨルダン社、一九九九年、一八三頁。

（8）朴憲郁「洗礼・堅信礼を巡る教会教育」、東京神学大学神学会『神学』76号、教文館、二〇一四年、二三頁。

（9）ＮＣＣ、前掲書、一六頁。

（10）Richard Robert Osmer, *The Teaching Ministry of Congregations*, (Louisville: Westminster John Knox Press, 2005), p. 27.

（11）H. Clay Trumbull, *Yale Lecturer on the Sunday School: Its Origin, Mission, Methods and Auxiliaries* (New York Charles Scribner's Sons, 1906), pp. 113-114.

（12）George Thomas Kurian and Mark A. Lamport, *Encyclopedia of Christian Education*, volume three, p. 1232. または前掲『キリスト教教育事典』三一三頁。

（13）深町正信「ジョン・ウェスレーと日曜学校運動」、前掲『ジョン・ウェスレーと教育』一五七頁。

（14）エルマー・L・タウンズ「ロバート・レイクス」、『宗教教育の歴史――人とその教育論』三浦正訳、慶應通信、一九八五年、二八七頁。

（15）同右。

（16）大森、前掲書、一八六頁。

(17) Edwin Wilbur Rice, *The Sunday-School Movement and the America Sunday-School Union* (American Sunday-School Union, 1917). p. 128.

(18) 大森、前掲書、二二三頁。

(19) 奥田、前掲書、四一頁。

(20) 小見のぞみ「田村直臣の見た『子ども・キリスト教・教育』」、『日曜学校教案誌にみる日曜学校教育』聖和大学キリスト教と教育研究所、二〇〇三年、三三頁。

(21) 田村直臣『廿世紀の日曜学校』警醒社、一九〇七年、一頁(以下、すべて旧字体は新字体に改訂)。

(22) 田村のバルト神学への批判は、「バルト神学と宗教教育」、『日曜学校』四月号(日本日曜学校協会、一九三三年)の中で明確に記されているが、その批判を要約すれば、原罪における子ども理解と、神中心とする教育の不可能性と言える。ただし、赤岩栄の日曜学校廃止論においても然り、田村のバルト神学の批判においてもまた、バルト神学への適切な理解、あるいは受容の仕方に問題があったとは言えないか。実際、J・D・スマート『教会の教育的使命』(日本基督教団出版部、一九五八年)など、バルト神学に基づく教会教育論として見事に展開をしているものもある。

(23) 田村直臣の生涯に関しては、田村直臣『信仰五十年史』(警醒社、一九二四年)、又は覆刻版の『信仰五十年史——伝記・田村直臣』(大空社、一九九二年)に記されている。さらに、田村直臣の生涯や著作について非常によくまとめられたものとして、二〇〇八年に東神大の修士論文として提出された大澤正芳「田村直臣の宗教教育論とその今日的意義」と、先述した小見のぞみ「田村直臣の見た『子ども・キリスト教・教育』」には田村の生涯年表も附録している。

(24) 「『日本の花嫁』事件」とは、田村直臣が留学の体験などからアメリカと日本の女性に関して出版した二冊の書物に起因する。日本で出版されたのは『米国の婦人』（一八八九年）であり、田村は英語で *The Japanese Bride* (1893) を書いてアメリカで出版する。ところが、後者の本を日本語に翻訳して、日本で出版しようとしたところ、日本の多くのメディアから日本の恥を誇張し、暴露したと批判され、行政から発売禁止処分を受け、日本基督教会からは「同胞讒誣罪《どうほうざんぶざい》」で教職剥奪が言い渡される。双方の主張は、『植村正久と其の時代』第五巻（教文館、一九三八年）や『井深梶之助とその時代』第二巻（教文館、一九七五年）、田村直臣『信仰五十年史』（警醒社、一九二四年）などの関連箇所を参照。

(25) 小見、前掲書、二九頁。

(26) 田村『廿世紀の日曜学校』三頁。ここで田村が述べる「宗教教育」というものは、言葉の定義が非常に難しいが、高崎毅が定義する「教会教育」あるいは「キリスト教教育」よりも、キリスト教的宗教教育というニュアンスが強いように思われる。なぜなら、そこでの中心を「イエス・キリスト」あるいは、「聖書」「教会」と定めるのではなく、「子ども」「教育」という現在で考えるところの教育学に位置づけられる宗教教育としてのキリスト教教育に近いものも含むからである。

(27) 同右、六―七頁。

(28) 同右、一頁。

(29) 田村『信仰五十年史』九三頁。

(30) 田村直臣の子どもへの関心については、帆苅猛「田村直臣の「児童中心のキリスト教」」、『キリスト教学研究』第2号（京都大学基督教学会、二〇〇四年）などを参照。

(31) 田村『廿世紀の日曜学校』一五四頁。

(32) R・ヘンダーライト『教会教育の神学』（日本基督教団出版局、一九六八年）一五三頁には「心理学的なデーターによって、教会に固有なる教育の目標が設定されるのではない。教会の目標は、福音の使信そのものによってすでに設定されているからである。ただ人間的諸科学の成果は、教会がその具体的課題をより明確にとらえ……」と言及されているが、この福音による信使を見失っては、人間的諸学科は何一つ本来の目的を達成しえない。

(33) 宣教師たちの影響を受けて明治期から始まった日曜学校は、その後の日本における国粋主義思想や国を挙げて戦争へと傾く流れの中で、日曜学校も徐々に国の体制に従属するかたちで変化していった歴史がある。詳細については、NCC「戦争と日曜学校」、前掲『教会教育の歩み』五八―五九頁を参照。

(34) 『自由が丘教会三十年史』日本基督教団自由が丘教会、一九七一年、八頁。

(35) 前掲『キリスト教教育事典』三一六頁。

(36) J・D・スマート『教会の教育的使命』（日本基督教団出版部、一九五八年）五頁において、スマートは「教会は説教せねばならぬと同じように教えねばならぬ。さもなくば教会でなくなる。教えることの責任は……全教会の仕事である」と述べている。また、二一七頁にはスマートの人間理解として「キリスト者が真の人間を定義しようとすれば、イエス・キリストをもってその出発点とするより外はない」と、バルトの人間理解に立つことがわかる。

(37) NCC、前掲書、七七頁。

(38) 山崎英則・片上宗二『教育用語辞典』ミネルヴァ書房、二〇〇四年、「日曜学校」の項目及び、目次参照。

(39) 加藤常昭『自伝的伝道論』キリスト新聞社、二〇一七年、一四〇―一四二頁。

(40) 山内一郎『神学とキリスト教教育』（日本基督教団出版局、一九七三年）二五六頁では、史的イエスの関心からイエスが教育の主体であると同時に、教え学ぶべき「内容」としての言及がなされる。

(41) 朴憲郁「洗礼・堅信を巡る教会教育――歴史的考察」、『紀要』5号、東京神学大学総合研究所、二〇〇二年三月、一一三三頁。

(42) R・C・ミラー『関係の教育――基督教教育概説』柳原光監訳、新教出版社、一九七一年、六七頁。
(43) 同右、六六頁。
(44) 朴憲郁「キリスト教的人間形成と教育」、『カトリック研究』82号、上智大学神学会、二〇一三年八月、一六五頁。
(45) 日本基督教会日曜学校局によって一九二二年二月より一九四一年一二月にかけての二十一年間、二四号から二七四号が発行された。それ以前は『日曜学校時報』という題で発行されていた。詳しくは前掲『日曜学校教案誌にみる日曜学校教育』一三三頁以下、呉寿恵「日曜学校にみられる民族――『日曜学校の友』1921年から1932年までを通して」を参照。
(46) 吉田源治郎「人格運動としてのSS」、『日曜学校の友』30号、一九二二年八月、一一―一二頁。
(47) 『日曜学校』という教案誌は二種類あるが、その内の最初に刊行された比較的短い刊行期間のもので、巻頭言において、「教会員を造るということ以上において……」とキリスト教的人間の形成を主張する。
(48) 朴憲郁「キリスト教的人間形成と教育」、『カトリック研究』82号（上智大学神学会、二〇一三年八月）、一六一―一八三頁において、国際セミナーの講演者の一人として招かれた著者が聖書釈義のアプローチから日本の現状に至るまで、このテーマに関して詳細に論じている。
(49) 近藤勝彦『伝道の神学』教文館、二〇〇七年、六頁。
(50) 『教師の友』1号、日本基督教団出版局、一九四二年、七頁。
(51) 同右。
(52) 同右、八頁。
(53) 『教会学校教案』日本基督教団福音主義教会連合教育委員会、一九七九年一月、一頁。
(54) 同右、九頁。

(55)『聖書教育』日本バプテスト連盟、一九九四年四・五・六月、九頁。
(56)同右。
(57)『子どもの信仰を育てる　カテキズム教案』№1、日本基督教団全国連合長老会日曜学校委員会編、二〇〇六年、一頁。
(58)日本基督教団全国連合長老会日曜学校委員会編『日曜学校ハンドブック』キリスト新聞社、二〇一二年、一二頁。
(59)同右、三八頁には「日曜学校は伝道の最前線である」ということが明記されている。
(60)前掲『10代と歩む　洗礼・堅信への道』一三七頁。
(61)トマス・ジョン・ヘイスティングス監訳『みんなのカテキズム』一麦出版社、二〇〇二年、三―四頁。
(62) Gordon S. Mikoski, *Baptism and Christian Identity: Teaching in the Triune Name* (Michigan: Wm. B. Eerdmans Publishing Co., 2009), p. xxv.
(63) Ibid.

ブッシュネル『キリスト教養育』の今日的展開

佐藤　愛

序文

キリスト教教育が教会や学校よりも最も早期から実現されるのは、キリスト教信仰を持つ両親の元でなされる家庭での教育である。とりわけ、教育（education）よりも他者の助けを必要条件とする養育（nurture）が、家庭では可能である。子どもの人格形成期に、両親の信仰に基づく人間形成教育がなされることは、安定的な親子関係が崩壊していく今日の状況において、とりわけ重要である。

朴によれば、北米では教会教育論が盛んに研究されていることにくらべ、日本のキリスト教教育学には教会教育分野の研究が僅少であり、その原因としてキリスト教教育学の教会論的熟考の不足と、教会教育学が確立していないことが挙げられる。(1) それは、家庭でのキリスト教養育への教会側の取り組みが無きに等しい現実にも表れている。

従って、本論文では、教会教育学の一分野として重要な位置を占める家庭教育と家庭牧会の今日的展開が急務であるという問題意識のもとに、十九世紀のアメリカにおいて最も早期に、当時としては革新的なキリスト教家庭教育についての理論を展開したホーレス・ブッシュネルの『キリスト教養育（*Christian Nurture*）』を取り上げ、考察する。[2] なお、本論文は、東京神学大学における修士論文を要約し、考察を加えたものである。『キリスト教養育』の内容や背景、ブッシュネルの神学については、既に先行研究や訳書が出版されているため、ごく簡単に触れる。その後に、先行研究論文を考察し、養育論について提示されている問題点について見極める。最後にそれを踏まえ、我々の住む日本におけるブッシュネルの養育論の有効性を検証することによって、信仰継承の問題を抱える日本の教会に対して、家庭と教会双方の教育的職務の課題と展開を試みる。

第一章　ブッシュネルの『キリスト教養育』について

『キリスト教養育』第一部における、子どもがキリスト者として成長するためのブッシュネルのキリスト教養育論の重要概念として、家庭における有機的関連性、そして幼児洗礼が挙げられる。ブッシュネルによれば、幼児洗礼の前提として有機的関連性がある。さらに、霊の働きによって、両親に有機的力が与えられ、親子間には、子どもが胎児の時から人間を聖化する再生の霊が働いており、有機的力が両親に与えられるという。そして彼は、誕生後も家庭生活のなかで、非言語的方法によってキリストの福音が子どもの心に注がれ人格形成へ効果を与えると主張する。ブッシュネルは、家庭の有機的法則により親が子どもを幼児洗礼によって神にささげることが、クリスチャンの両親が果たすべき責務であるとする。そして、有機的関連性の事実を前提とした幼児洗礼を養育論の中枢として位置づけている。また、旧新約聖書を根拠にして神は親とその子孫と契約関係を結んでいることも、幼児洗礼の重要な根拠としている。安達は、「ブッシュネルの理論の基盤には、ピューリタンが堅持した神と人との間の契約関係、および会衆派教会が尊重した聖書の権威と優位性」があり、これらを支柱として幼児洗礼を論考していると指摘している[3]。安達のこの指摘は、ブッシュネルの養育論には旧新約聖書の引用が多くあり、聖書を根拠にして養育論を展開していることを、正しく表しているといえる。さらにブッシュネルは、シュライエルマッハー的な敬虔主義的な側面も見られる[4]。ブッシュネルが強調する、関係性の中でのキリスト教的人格の形成は、これらの神学的背景より生まれたのである。

『キリスト教養育』第二部では、キリスト教養育の実践における具体的事柄について書かれている。家庭を「小さな教会」と見なしているブッシュネルは、親の道徳的生活が子どもの人格をキリスト教的なものとすると考えているため、キリスト教的徳の具体的な実践・修正を示す必要がある。安達の言葉を借りれば、ブッシュネルにとって人間は神との呼応関係があり、「神の主導する人間の贖いと救いに対して、人間は神の恵みが注がれる家庭で、共同[5]」することが親としてなすべき務めである。第二部のどの章でも、具体的実践は神との関係、そしてどう生きるかが問われている。ブッシュネルにおいて、信仰とは概念や主日礼拝に限定されるものではなく、生活化するものである。

ブッシュネルの家庭での養育や幼児洗礼の主張は、十九世紀前半のアメリカに流布していたリバイバリズムや日曜学校運動の「回心重視」のキリスト教教育に批判する形で書かれている。第二次大覚醒はアメリカの宗教的生活を大きく変化させた[6]。ブッシュネルは、当時彼が属していたニューイングランド会衆派の間でも支配的だったこの個人主義化され人間の意識的作業に重きをおいた覚醒運動に対して、不信感を抱いていたのである[7]。

日曜学校で回心の体験を目的とする教育が浸透した時、ブッシュネルは、日曜学校運動が家庭での宗教教育の役割に取って代わる現実に警告を発した。ブッシュネルが養育論の中で展開した、家庭におけるクリスチャンの親の責任と、幼少期からの有機的な非言語的教育と幼児洗礼は、一般的な宗教教育として位置づけられていた日曜学校運動の特徴である画一的な言葉による教理教育に対抗するものである。

第二章 『キリスト教養育』の今日的展開

第一節 ブッシュネルの養育論における課題点

これまでブッシュネルの『キリスト教養育』における論点について述べたが、果たして、十九世紀に書かれたこの書物は、二十一世紀現代のキリスト教界に重要な指針を与えてくれるのだろうか。

ブッシュネルの養育論の今日的適用において特に注目すべきは、聖霊なる神と親とのつながり、霊的共同体、そして親と子の有機的関連性である。しかし、ブッシュネルは教会生活と家庭生活の統合について、十分に述べていない。彼は家庭を「多くの点で［教会より］はるかにすぐれている」「小さな教会［little churches］」と見なしているが、[8] 教会論よりも家庭養育論に偏重している彼の理論は、教会と家庭のつながりを熟考していない。『キリスト教養育』が、彼自身が牧会する教会の親に向けて語られた講話がきっかけであるとしても、教会に通う親を対象とするからこそ家庭と教会生活の結びつきに具体的に言及する必要がある。クリスチャン家族の活力は彼らの信仰からきており、その信仰は彼らの教会によって養育されるべきである。病、誕生、死といった直面せざるを得ない現実にも、教会は家族へ意味のある実践的なケアをもって提供する。また、神と人との霊的つながりは、単なる有機的関連性ではなく、洗礼と聖餐により「キリストのからだ」に連なるサクラメンタルなものである。従って、霊的共同体である教会は、家庭の社会資本という言葉に解消されるものではない。ブッシュネルの養育論が説得力を持つためには、教会論と聖霊論をもっと明確にする必要がある。

（二）家庭養育の教会論的展開の必要性

ブッシュネルの『キリスト教養育』における要点については、マイアーとカタンの先行研究が挙げられるが[9]、双方とも、ブッシュネルの教会への言及については挙げていない。それについて、安達は、ブッシュネルの養育論は家庭養育論であり、教会での直接的適用を一次的対象としていないと指摘する。従って安達が述べるように、その適応性を現代の教会との関連で考察するとき、いかにその養育論を教会でプログラム化し両親へガイダンスできるかという課題が我々につきつけられる[10]。

既に述べたように、ブッシュネルの『キリスト教養育』を熟読した限り、教会が主導的役割を果たすことについてブッシュネルは言及していない。従って教会と家庭との連携の必要性を論じるには、ブッシュネルの養育論だけでは不足している。言い替えれば、『キリスト教養育』の中で、ブッシュネルには家庭養育の教会論的な位置づけと展開が少ないといえる。さらに言えば、彼は教会や聖礼典について部分的あるいは肯定的に言及してはいるが、その展開はしておらず、日曜学校についても同様である。ブッシュネルによると、「ある意味において教会はアブラハムのもとにあり、アブラハムの家庭の有機的一体性によって規準が与えられた」ことを根拠として、神の契約はすなわち家族契約と考えられる。彼は、教会が家庭から構成される要素をもっており、聖霊は諸家庭を「共同の有機体である教会」に集めることで、「家庭の有機的一体性の法則を聖化する」と述べるにとどめる[11]。言い替えれば、ブッシュネルは、個人よりも家庭がキリストの肢に連なると考える。家庭の方が教会よりも重んじられるのはピューリタンと改革派教会の特徴である[12]。

確かに、新約聖書には「キリストの体」という言葉によって、有機体思想が出てくる。[13] しかし、キリストの身体なる教会は、血縁もしくは有機体的共同体をはるかに超えた、洗礼と聖餐に基づくサクラメンタルな共同体である。その理由は、教会の本質から明らかにされる。[14] 桑田は、キリストの体の肢として生きることは、聖霊がキリストの霊であることと分かち難く結合していると説明している。そして、その中心であるイエス・キリストが頭であるためには、聖書の御言葉の支配が教会で行なわれることが必然であると主張している。このようなキリストを頭とした有機的生命体は、聖餐によりキリストの生命そのものに与り、キリストにあって一体であることによって信仰共同体として特徴づけられる。[15] また、聖餐は「教会の終末論的な性格とその使命」を示す徴であり、イエス・キリストが再び来られ神の国が実現するまで、聖霊の力によりその宣教の働き場である教会に召されるのが、キリストのからだに連なる信仰者たちである。ブッシュネルは、「徳を伝える手段」として神が与えた「人格の有機的関連性」のある家庭を教会に集め、「諸家庭における有機的一体性の法則を聖化することによって、将来の世代を含みそれを過去と一体のものにするようにと、聖霊の活気的な力［quickening power］を次の世代に及ぼす」と述べている。[16] 救いの完成、というテーマは、ブッシュネルのなかにあまり出て来ない。しかし、信仰は終末論的性格をもつサクラメンタルな教会共同体において、聖霊の導きで頭なるキリストを主と告白し継承されていく。そこから「キリストの体」なる有機的一体性が説かれるべきである。具体的には、朴が正しく捉えているように、洗礼によってキリストの体に連なることによって、有機的血縁的関係を超え、さらに聖餐式で分かたれるパンの共有が、体を自己供与なさったキリストを分ちかつキリストの体としての共同体を形成する。[17] その共同体の一構成員として個人のみならず、むしろ家族を位置づけることの意義を、ブッシュネルも、そしてリバイバリストたちも見つめていない。それが両者が抱えている問題である。ブッシュネルは、イエス・キリストが家庭の有機的一体性を与え、そして、子どもたちがイエス・キリストの中で成長するように、彼らに適した素晴らしい場所を与えてくださる、という教会理解を示す[18]。ブッシュネルにおいて教会は家庭養育論に対して周辺的・補強的に位置づけられる。そこにはロマン主義的・郷愁的家庭像すら垣間見られる。

家庭が教会に先行するのではなく、教会こそが、家族の価値基盤を育むことができる霊的家族である必要がある。すなわち、「神の家族」（エフェソ二・一九）であることが強調されるべきであり、そこから家族に向けた家庭牧会が展開されるべきであろう。

ブッシュネルは親子の有機的関連性を、「信仰を再生するための手段」とし、幼児洗礼への重要な根拠とした[19]。それは、言い替えれば、幼児洗礼が有機的関連性を前提としているということである。実際、幼児洗礼は、その子どもの養育者がクリスチャンという状況が前提とされている。しかし洗礼に言及する以上、親任せではなく、むしろ第一に教会の責任を挙げるべきであろう。有機的関連性で洗礼を説明づける仕方は、洗礼がキリストの体に組み入れられるサクラメントであるという理解を欠落させていく。信仰共同体は血縁共同体を超えた位置にあるゆえに、主から委託された教会のディダケーの務めは、キリストの体のメンバーにおける破綻した状態にも深く関わる。家庭で愛を得られない子どもであっても、キリストにおける神の愛がそれを乗り越えることを可能にする。それは、幼い子どもを対象とした養育にも妥当する。

（二）聖霊論的考察

ブッシュネルが、親子の有機的関連性に先行して、親への聖霊の働きがあると主張した[20]ことは、本論文第一章で述べた。彼はさらに、胎児の時から「再生の霊［renewing Spirit］」が子どもの心の中に注入されると考える[21]。しかし、ブッシュネルが幼児洗礼の根拠として有機的関連性を強調していることを指摘したように、彼は聖霊の働きについて一言しつつも、親子の有機的関連性の方を強調する。ブッシュネルが、教会論から家庭養育論を展開していないことも、家庭的絆の重視に起因する。

ブッシュネルは家庭養育論を展開するにあたり、親子の有機的関連性と幼児洗礼、また子どもの教会員資格という彼の養育論の中心的事柄について、確かに正しく聖書的典拠を示す。[22] しかし、キリスト教養育が主の養育[23]であるならば、主の霊である聖霊が主語になり、家庭的有機的関係は聖霊によって用いられるべきである。しかし、ブッシュネルは聖霊の働きについて言及しつつも、両親のあり方や有機的関係が第一になっており、その中に聖霊の働きは解消される危険を伴う。

Ｉコリント七・一四は、ブッシュネルの有機体論の有力な根拠を示す箇所である。[24] ブッシュネルはこの箇所を四度用いているので、それぞれ確認する。一箇所目の引用では、この箇所を提示することによってキリスト教の洗礼がユダヤ教とつながりがあることを示し、幼児洗礼が親子の有機的関連性を前提としていることを説明している。ブッシュネルは、Ｉコリント七・一四が、ユダヤ教において両親のどちらかがユダヤ人であれば、その子どもは汚れていないと考えられていたことと同様の事柄を示すと見なしている。[25] 二箇所目で彼は、Ｉコリント七・一四によって、一人のクリスチャンの親がいれば子どもも信仰者となる、と推定する。なぜならば、彼によると有機的一体性が「信仰と、子どもたちの宗教的な親しみとを統治する」からである。[26] 三箇所目では、ブッシュネルはＩコリント七・一四について、パウロが明らかに親の信仰の効力に言及している箇所であると主張する。ブッシュネルは、ここでは子どもは霊的な意味（spiritual sense）において清められるのではなく、教会の考える「清いか清くない」（only to the church ideas of clean and unclean）という意味で述べられていると解釈している。また、彼は「子どもは教会（fold）の内にいる」と述べているものの、教会の聖霊の働きについては述べておらず、信者の親がいれば教会で信仰者として扱われることのみを主張している。[27] 四箇所目は、親としての条件が語られている『キリスト教養育』第二部第二章で引用している。そこでは、夫婦の一方に子どもを育てるための「信心と真に信仰深い心（believing and truly faithful spirit）」があれば、神の働きにより一方は他方を清めることができると主張している。[28]ブッシュネルはその後に、両親としての条件は、全面的に神に信頼し、ただ信仰の方法によってのみ達成されうると結論付けているものの、教会論的に論じてはいない。[29]

以上から、ブッシュネルがⅠコリント七・一四を引用するとき、彼は有機体論で説明しており、家庭の問題として集約していることが分かった。彼は家庭の有機的つながりを子どもの信仰と宗教心の上位に位置づけている。さらに、霊的意味における清さや教会的な意味における「清さ」についての具体的な説明はしておらず、教会の霊的役割についても不明瞭である。また彼は、親の信仰に言及するものの、教会の中でその両親を位置づけることはしておらず、教会の中で育まれる信仰について語ってはいない。ブッシュネルの言う信仰、神への全面的信頼とは、神が有機的力を親に授けたことに対する信頼を指し示す。また彼は、片方の親がユダヤ人であれば子どももユダヤ人であることに言及しているが、それはあくまでも血のつながりを前提とし、それを幼児洗礼の根拠として用いるので、一面的主張と言わざるを得ない。

しかしながらⅠコリント七・一四は、それに先立つ六章の教会論的な文脈で語られており、キリストの体として「神からいただいた聖霊が宿ってくださる神殿」（Ⅰコリント六・一九）が前提となっている。つまりパウロは、キリストにより贖われ、神の霊が宿る神殿としての教会に、信徒の妻がつながっており、主の霊の働き（Ⅰコリント六・一七）によって夫も子どもも清いと述べている。ヘイズは、神の力がキリスト者を通して配偶者と子どもたちが聖なる者であることを要求し、変化させるように働くと解釈する。[30]高橋はⅠコリント七・一四を、信者は聖霊によって生活と生き方が聖化され、それは信者の子どもにまで及ぶと解釈する。[31]双方とも、洗礼による神の霊（Ⅰコリント六・一一）を通してキリストの体の一部として聖化された家族メンバーを強調していると言える。キリストの体としての霊的共同体に、信者は洗礼によって組み入れられ、聖餐によって日ごとに霊的につながっている。

ヘイズは、パウロはⅠコリント書一章から六章までの長い議論を通して、教会が一致し、聖くあるための新しい規範によって戒めることを呼びかけるが、これを前提として七章を解釈すべきだと強調する。[32] 朴は、七・一四後半の背景にはマルコ一〇・一三―三一の三つの家庭訓の伝承があり、その一つを適用していると指摘する。当時コリントの教会は家庭と不可分の関係にあり、パウロは教会論として家庭訓を位置づけていたという。朴が正しく主張するように、パウロは教会がキリストの十字架により血縁関係や民族や社会的地位を超えたキリストの体であり（Ⅰコリント一二・一三、ガラテヤ三・二七）、洗礼を受けるために、子どもを含めて家族メンバーが招かれている場所であると指摘する。[33]

以上の考察から、Ⅰコリント七・一四は、有機的結合を優先的に考えてはおらず、有機体論を超えたキリストの霊的支配領域とその体のつながりの中で考えようとしている。確かに主の霊は親子の有機的関係の中でも働くのであるが、聖霊の働きは、親子関係や親のしつけによって置き換えられるものではない。[34] むしろその逆に、聖霊が家族関係を用いるということが正しい解釈である。ブッシュネルによるこの聖書箇所の解釈の不適切さが、聖霊の働きを家族の有機体論に解消する危険に陥らせている。

第二節　日本におけるキリスト教養育の可能性

ブッシュネルが十九世紀当時に前提としていたクリスチャン家庭は、家庭のライフサイクルにおいて、日曜日に家族全員が連なり教会へ行くことが前提とされていた。それに比べて、キリスト教人口が一％以下の日本のクリスチャン家庭は信仰育成の面で異なる。例えば、両親がキリスト者であっても子どもに教会学校よりも習い事や教会外の諸行事を優先させる、食卓の祈りの欠如、家族のレジャーの優先などが挙げられる。[35] また、一世代で終わるクリスチャンの生き方が多数を占め、家庭における伝道、証し、教育は殆ど問題になっていない。ましてや、夫婦がクリスチャンであっても、教会で生まれた子どもの幼児洗礼を希望する場合が必ずしも多くはない。従って、ブッシュネルが前提としているクリスチャン家庭は、日本ではなかなか成り立たず、彼が前提としているものをそのまま受け入れる事はできない。彼は家庭でのキリスト教養育を有機体論で説明したが、日本のキリスト教に固有な課題は家庭における自然的な有機体論ではなく、自覚的な信仰継承の問題である。その観点から考察されるべきであろう。

日本は明治期以来、成人信徒が中心となる教会を形成し、日曜学校もそれに合わせて盛んとなった。宣教師たちは、当時近代教育が課題となっていた日本での有効な宣教手段として「教育」に目を留め、聖書や英語の塾を開き、信仰面では教会における日曜学校を設立した。[36] それゆえ、「家庭」における信仰育成は、視野に入って来なかったといえる。そのような意味では、ブッシュネルの家庭養育論が今日再考される必要がある。[37]

ブッシュネルの家庭における養育という視点において、極めて貢献度が高いのは、家庭における律法と福音の問題といえる。子どもの養育、しつけという律法的性格が、福音の恩寵の中でどう生かされ、子どもの養育につながるかという課題が、ブッシュネルにおいては真剣に取り上げられている。例えば、食事や衣服の着こなし方、日曜日の過ごし方にまで言及しているとは、驚くべき考察である。[38] ブッシュネルは、信仰に生きる両親は、子どもたちへのしつけという問題を重く受けとめる必要があると主張する。これは、道徳感化説として一蹴することのできない重要な指摘である。[39] 律法と福音は常に神学的に大きなテーマであるが、それを我々は実践において真剣に展開してきたであろうかという問いが突きつけられる。日本での観念化した無律法主義的信仰ではなく、親の養育を具体的に展開しているのがブッシュネルである。それを、単純に神人協力説やアルミニウス主義として退けてはならない。この点を、日本の教会の信徒たちはどこまで真剣に考えているだろうか。ブッシュネルの養育論は、サンデー・クリスチャンになりがちな日本のクリスチャンへ、これから向かうべき方向性を与えているといえる。

しかし他方で、家族が有機体を超えた霊的神の家族であるキリストの体としての教会に連なり、礼拝を共に捧げるという教会論的な枠組みが稀薄化すると、ブッシュネルのすぐれた家庭養育論は、有機体論や道徳感化説に陥ってしまう。朴によれば、信仰継承の行為は、「キリストを証し、物語る行為である」と言い替えることができる。[40] 生活の中のキリスト証言は、親の子に対するしつけの中でも発揮され得る。日常の家庭生活において、親が子に言葉と行ないによってキリストを証しする継承的行動は、幼児洗礼と堅信によってキリストの体である教会に霊的に組み入れられた家族であってこそ可能である。そのことはすでに明らかにしたように、Iコリント七・一四の意味からも強調されてよいであろう。

結語

ブッシュネルが『キリスト教養育』を執筆した当時、彼は教会共同体と日曜学校の存在をみとめつつも、それが復興運動の場となっていたがゆえに、批判的な距離をおいた。その一例として、幼児洗礼をあれほど強調しながら、それが教会の聖礼典であるという認識と展開は欠落し、家庭の有機体論へと解消する危険性を伴っている点に見られる。本論文では、ブッシュネルの弱点がそこにあることを主張した。そういう意味でも、今後、教会論的家庭養育論が展開されるべきであろう。教会論的と言う場合、それは、とりわけ主から委託された教会の教育的務めが考えられている。そこでは幼児受洗者の信仰育成に対して、教会もまた責任を負っている。更に教会学校も視野に入ってくる。しかし、教会学校がクリスチャン両親の信仰養育の代替になってはならない。キリストの体のひと肢として、親は子を福音による愛と自由に基づいて教え、いましめ、しつける務めを負っている。これは親密な血縁的、有機的関係を特性としている。しかし教育共同体としての教会は、こうした親子の血縁的・有機的関係に限定されず、それを超えた視点をもち、さらにそれを体の中に取り込むことを、本論文において明らかにした。とりわけ、もはやブッシュネルが生きた麗しきクリスチャン・ホームを前提とし得ず、むしろ、従来の家族そのものが自明ではなく、多様な形態と機能へと変化する今日の家族状況の中で、教会こそ生きた神の霊的家族として、非家族・核家族・拡大家族の信徒による主の共同体が形成されていく。そこでは、個々の人間形成が教会形成の中で一体となって起こる。またこの視点から、今日の核家族・拡大家族に向けた家庭牧会が展開されるべきであろう。これが、教会論的家庭養育論である。

家族に向けた教会による家庭牧会という側面から見れば、牧師としてのブッシュネルの養育論はそのことへの重要な貢献として評価することができる。しかし血縁的・有機体的つながりを超えた視点がキリスト論的・聖霊論的な教会教育にはある。そこでは、ブッシュネルの時代の家庭理解にはなかった核家族および非家族あるいは変容した家族、拡大家族の現実をも見据えている。単なる教会集中的な教会論は、キリスト共同体に連なる多様な形態の家族や個人に与えられた霊の賜物を育むことを視野に入れない。この問題を改めて再考させるのがブッシュネルの養育論である。ただし、先ほど上述したように、ブッシュネルの家庭養育論には教会論的視点が極めて稀薄であったので、その点は批判的に乗り越えつつ、教会論的視点からの養育論を展開することがブッシュネルの理論を今日的に生かす道となるであろう。つまり、ブッシュネルの養育論の批判的再生または教会論的な再構築が急務である。

注

（1）朴憲郁「教会教育学の出現とその特性」、『キリスト教教育論集』20号、日本キリスト教教育学会、二〇一二年三月、一―一五頁。特に二頁を参照せよ。

（2）本論文は、主に邦訳H・ブッシュネル『キリスト教養育』森田美千代訳、教文館、二〇〇九年を使用するが、重要な箇所は必要に応じてイェール大学出版局から出版された原典 Horace Bushnell, *Christian Nurture*, Massachusetts, 1967 を用いる。

（3）安達寿孝『キリスト教家庭教育の展開――アメリカ・ピューリタン社会の場合』新教出版社、一九九八年、二二二頁。

（4）例えば、ブッシュネルは子どもたちの中には「seeds of holy principle（森田は『聖なる原理の種』と訳しているが、論者は『聖なる法則の種』と訳した方が適当かと考える）」があると想定する（前掲書注（2）、ブッシュネル、一四頁）。これは、朴によると、敬虔主義の特徴（教理ではなく経験を重視）を表している（朴憲郁「アジア・プロテスタント伝道史から見た日本伝道の展望」、『紀要』3号、東京神学大学総合研究所、二〇〇〇年、一七頁）。またツィンツェンドルフは、再生のプロセスそのものは、すでに身体的誕生の前から母の胎のなかで始まり、しかもすでにかなりの成熟度に達することもありうるとした。そのさい、道具として働くのが聖霊であることを、「彼は母の胎内にいるときから聖霊にみたされていた」（ルカ一・一五）を引用して、幼児洗礼がこの再生の外面的なしるしと説明している。マルティン・シュミット『ドイツ敬虔主義』小林謙一訳、教文館、一九九二年、一七六―一七七頁を参照せよ。ブッシュネルも、「誕生前の養育」について述べており、母の胎内にいるときから養育が始まっていることを主張している（前掲書注（2）、ブッシュネル、二三〇—二三四頁）。また、ブッシュネルはモラヴィア兄弟団の信仰が、円熟し品位があると評価している（前掲書注（2）、ブッシュネル、二九—三〇頁）。

（5）前掲書注（3）、二〇五頁。

（6）Hastings, Adrian, *A World History of Christianity*, Michigan, 1999, p. 428. なお、森本は「第二次信仰復興運動は、今日も見られるアメリカの新しい信仰の諸形態が生まれた時代でもある」と指摘している。森本あんり『アメリカ・キリスト教史——理念によって建てられた国の軌跡』新教出版社、二〇〇六年、九〇頁を参照せよ。

（7）それにもかかわらず、ブッシュネルは教会形成論、神の主権の主張が弱い。

（8）前掲書注（2）、四〇八頁。

（9）A・J・ウィリアム・マイアーは、一九三七年の"Horace Bushnell and Religious Education"の中で、ブッシュネルのキリスト教養育における要点として次の六項目を挙げている。第一に、神の養育には、いくつかの種類がある。第二に、親と子は有機的関連性がある。第三に、家庭での交流と愛について。第四に、神の国の到来の真の意味を、説明するのではなくむしろ育む。第五に、子どもの年齢に応じて教えるべきである。第六に、教えの基礎は教義ではなく経験である。カタンはこの六項目を踏まえて、ブッシュネルは子どもたちの質問について誠実に応じたこと、遊びの教育的価値を見出したこと、言語の問題性に注目し、聖なる神の表現を言語や教理で限定的に認識することに警戒することなどを特徴として挙げている。Kathan, Boardman W., "Horace Bushnell and the Religious Education Movement," *Religious Education*, 108:1, 2013, p. 44.

（10）安達寿孝『キリスト教家庭教育の源流』新教出版社、一九八九年、二一三—二一四頁。

（11）前掲書注（2）、ブッシュネル、一一四、一一六頁。

（12）ブッシュネルは、「ピューリタン家族契約の観点から主張している」。前掲書注（3）、一五八頁引用。

(13) ローマ一二・四―五、Ⅰコリント一二・一二―二七、エフェソ一・二三、四・一二、コロサイ一・一八、一・二四参照。ブッシュネルはこれらのいずれの箇所も引用していないが、罪と義認の有機的法則についてローマ五・一二、五・一八、五・一九、また幼児洗礼を説明する際の有機的法則として使徒三・三九、一六・一五、一六・三三、Ⅰコリント一・一六、七・一四を聖書的根拠として挙げている。ブッシュネルの有機体論は、聖書的根拠に基づいて展開されている。

(14) 桑田は「この語〔キリストのからだ〕こそは、おそらく教会とは何かという命題の中核をその中に含む言葉であろう」と述べ、教会論を展開している。桑田秀延「教会とは何か」、『キリスト教教育講座　第二巻』新教出版社、一九五八年、一九一頁を参照せよ。

(15) 同右、一九四―一九五頁。

(16) 同右、一一三、一一六頁。

(17) 「キリストに対して洗礼を受けた者は……徹底的に相対化されて（一コリ一二・一三、ガラ三・二八）、キリストの体に組み入れられ、今後は『キリストの中で』（エン・クリストゥー）生きる」。朴憲郁『パウロの生涯と神学』教文館、二〇〇三年、二一一頁を参照、引用。

(18) 前掲書注（2）、ブッシュネル、五九頁。

(19) 同右、一一三、一一八―一一九頁。

(20) 同右、三四―三五頁。

(21) 同右、二二一―二三頁。

(22) 同右、一四五―一六一頁。

(23) 同右、二三頁。

(24)「信者でない夫は、信者である妻のゆえに聖なる者とされ、信者でない妻は、信者である夫のゆえに聖なる者とされているからです。そうでなければ、あなたがたの子供たちは汚れていることになりますが、実際には聖なる者です」。

(25) 前掲書注（2）、ブッシュネル、四八頁。

(26) Bushnell, *op. cit.* "Christian Nurture," pp. 129-130、同右、一五五頁。

(27) Ibid., pp. 148-149、同右、一七八―一七九頁。

(28) Ibid., p. 229、同右、二七〇―二七一頁。

(29) 同右、二七一―二七二頁。

(30) リチャード・B・ヘイズ『現代聖書注解　コリントの信徒への手紙1』焼山満里子訳、日本キリスト教団出版局、二〇〇二年、二一〇頁参照。ヘイズは、この箇所について「この並外れた肯定は、神の力の働きを宣言する」と述べている。

(31) 高橋敬基ほか『新共同訳 新約聖書注解Ⅱ』日本基督教団出版局、一九九一年、九一頁。

(32) 前掲書注（30）、一九四頁。

(33) 朴憲郁「パウロの説く『霊の人』」、『キリスト教の神学と霊性――今日どのように信仰を生きるか』サンパウロ、一九九九年、九六―九九頁。朴は、マルコ一〇章にはイエスによる「神の支配への子ども（パイデイア）の一方的な招きのことばと、按手による子どもの祝福行為」の伝承があると説明する。

(34) ブッシュネルの神学的主張が神人協働説的な傾向を示していることが表れているといえる。

(35) 朴憲郁「今日の『家族』に対するキリスト教教育学的一考察」、『神学』第61号、教文館、一九九九年、一六―一七頁。朴は、今日のクリスチャン・ホームの家族側の信仰育成の問題点と具体的な提案として、これらを挙げている。論者も教会学校教師として仕える中で、これらは実際にしばしば見られる現象である。

(36) NCC教育部歴史編纂委員会編『教会教育の歩み――日曜学校から始めるキリスト教教育史』教文館、二〇〇七年、一六―一七頁。日曜学校はその後、宣教師の始めた英学校や女学校との密接な関係を持ち、キリスト教学校が多く設立されていく。

(37) 日本において高崎毅と田村直臣は、早期から日本のキリスト教教育を「子ども」と「家庭」の視点から考察した数少ない人物と言える。高崎も田村も、家庭のキリスト教教育が、家庭内においてのみならず教会論の中で把握されることの必要性を主張しているので、ブッシュネルの養育論を支持しつつ、その弱点を見抜き、彼の養育論を教会論的に発展させたと言えよう。田村直臣『信仰五十年史』警醒社、一九二四年、二八一―二八四頁（近代日本キリスト教名著選集二三巻、日本図書センター、二〇〇三年に再録）、田村直臣『児童中心のキリスト教』大正幼稚園出版部、一九二五年、八三―八四頁（近代日本キリスト教名著選集八巻、日本図書センター、二〇〇三年に再録）、高崎毅『基督教教育』新教出版社、一九五七年、七一―七二頁参照。

(38) 服装については前掲書注（2）、ブッシュネル、一四〇頁に具体的に書かれている。日曜日については、前掲書、第二部第六章を参照のこと。

(39) ブッシュネルの贖罪論の道徳感化説については、彼の著作や先行研究によっても言及されている。Horace Bushnell, *God in Christ three discourses delivered at new haven, Cambridge and Andover with a preliminary dissertation on language*, Centenary ed., New York, 1903, pp. 202, 205, 272 参照。なお、棚村重行「教会史特講Ⅰb」東京神学大学大学院講義、二〇一三年十一月二十七日配布資料の、棚村による訳を参考にした。また、先行研究について、安達は、タウンズ、ブールマン、ジョーンズを挙げている。タウンズによれば、ブッシュネルにとってキリストの死は、人間の罪の贖いではなく、人間に対する道徳的模範とされていた。そして、神に対する人間の関係は神の子イエスの行為よりも人間の性格によって決定されるという（エルマー・L・タウンズ『宗教教育の歴史――人とその教育論』三浦正訳、慶應通信、一九八五年、三五八頁）。また、ブールマンとジョーンズによると、ブッシュネルは贖罪の結果である再生について、人格の道徳的側面において強調している。さらに、道徳的人格の創造は十字架上のキリストを仰ぐことで「キリストのような」道徳的生活へ導かれ、「キリスト教的人格」の形成が目的とされている（前掲書注（3）、安達、一七七―一七八頁）。安達自身も、ブッシュネルの贖罪論は道徳的感化説の基本的な理解に立っているとし、彼の養育論の中枢には「キリスト者の罪の矯正としての道徳性の高調がある」と指摘している（前掲書注（10）、安達、二〇二頁）。ブッシュネルの道徳感化説的傾向は、彼の神学の問題点として捉えるべきである。

（40）　朴憲郁「信仰継承の意味と諸相」、『季刊　教会』No.59、日本基督教団・改革長老教会協議会・教会研究所、二〇〇五年、九頁。朴は、信仰継承の場として、家族共同体と教会共同体を挙げている。

韓国から見た日本　その宣教と教育

森下静香

はじめに

二〇一六年二月一六日より二三日までの八日間、東京神学大学アジア研究所主催の韓国教会研修旅行に参加した。主に、韓国長老派とメソジストの教会、神学校、大学、教団本部を訪問したが、似て非なる韓国という他国を学ぶ機会であったと同時に我が国日本、また日本の教会や学校について振り返り学ぶ好機となった。大西は『キリスト教学校教育史話』の最後に、百周年を迎えたキリスト教学校教育同盟の未来に向けて五つの提言を掲げている。その一つは、キリスト教による人間教育の推進である。その中で、大西は、キリスト教学校教育同盟は、「主に海外宣教団体によって建てられ、その後も外国人宣教師の協力によって支えられてきた学校の同盟であり、外国との交流にその特徴を求めることができる」(1)。しかし、「今後は欧米だけではなく、かつて神社参拝を植民地のキリスト教学校にも強要した歴史を踏まえて、アジアのキリスト教学校との間の交流を活発化すべきである」(2)と提言している。韓国教会研修旅行に参加して、目で見て、肌で感じた韓国の歴史、またその教育は、日本で教えられてきたそれとは異なるものであった。また日帝の支配の下で行われてきた残虐な過去の歴史を韓国の子供たちは丁寧に学んでおり、日本の子供たちは全くと言うほど教えられていない。それは両者が経験した事柄に二面性があっただけではなく、どのようにそのことが伝えられ、現在教えられているかという教育の問題でもある。この論文の目的は、日韓の初期のプロテスタント宣教師の教育的伝道の働きを見ることにあるが、その際、日本からの視点だけではなく、韓国から見た日本という視点を持って、論じていきたいと思う。そうであるので、まず韓国におけるプロテスタント宣教師の初期の教育的伝道の働きを見ていき、次に、日本における働きを見ていきたい。韓国と日本に同時期に海を越えて宣教にやって来た二人の宣教師を特に取り上げ、日常生活、それぞれの信仰生活からもその働きを検討していきたい。また韓国研修旅行において訪問したイエス教長老会世界宣教本部の報告から現在の韓国事情にも少し触れたい。この旅行を引率してくださったのが、朴憲郁教授であり、最初から最後まで一行の先頭に立ち、導き、模範を示してくださった。また大西晴樹教授は、筆者が未信者であった大学生時代の日曜学校のクラス担当教師であった。熱心に信仰へと導いてくださったことに心から感謝をしている。この尊敬する両者からも大いに学んでいきたい。

一　韓国におけるプロテスタント宣教師による初期の教育的伝道の働き

一．一．宣教師アンダーウッド

韓国に最初に入ったプロテスタント宣教師の一人に長老派の宣教師アンダーウッドがいる。アンダーウッドは英国生まれであるが、六歳の時、母と祖母が同じ年に世を去り、またその年に父の事業が倒産し、一三歳の時に、米国ニュージャージー州ニューダーハムに移住している。[3] 一八八三年に回心の体験を持った。[4] 情熱的で、リバイバリスト的な信仰形態を持っていたので、「叫ぶ監理教（Roaring Methodist）」のニックネームがあったという。[5] ドイツ敬虔主義の流れを汲むメソジスト派の宣教師であるアペンセラー宣教師夫妻と共に、仁川《インチョン》の港に一八八五（明治一八）年四月五日復活主日に入港した。この二人にスクラントン博士が加わり、三人はその後、聖書翻訳、福音伝道において協力して事業を展開する。彼とその家族の略歴は韓国の楊花津《ヤンファジン》外国人宣教師墓苑にあるアンダーウッド一家の墓石に次のように刻まれている。

ホレイス・グラント・アンダーウッド牧師（一八五九～一九一六）は、韓国への最初の按手を受けた宣教師であり、延世大学、セムナン教会、聖書協会、ＹＭＣＡ、キリスト教文書協会を設立し、近代の幕開けにおいて、生涯を韓国宣教と文化に捧げた。彼の妻のリリアス・スティーリング・ホートン（一八五二～一九二一）は、宣教医師であり、富者にも貧者にも、官にも民にも公平に彼女の愛の深さを表明した。彼らの息子、ホレイス・ホートン・アンダーウッド博士（一八九〇～一九五一）は、朝鮮クリスチャン・カレッジの学長として、また韓国と韓国文化の注解者として仕えた。彼の妻、エセル・ヴァンワゴナー（一八八八～一九四九）は、韓国解放の後の混乱期に殉教した。

彼らの子孫らもまた、この地の人々と教会に生涯を捧げた。アンダーウッド一家の精神と献身は、永遠に、韓国人に愛され続けるであろう。

一九九九年七月一九日

アンダーウッド博士の誕生から一四〇周年目の記念の日に。（森下私訳）

一・二・初期の韓国のキリスト教の特徴

韓国の初期のキリスト教の宣教方法の特徴の一つに、ネヴィアス方式と呼ばれるものがある。アンダーウッドは、原著者序文において、「宣教活動の初期から、というよりも出発点から、神のみ恵みと導きのうちにとり入れた方式〔ネヴィアス方式〕は、一般にユニークだと言われているが、それとて実際は、世界中のいたるところで、多くの宣教師たちがもちいてきた方法にすぎない。ただひとつ独特な点があるとしたら、この国にいる宣教師がひとり残らず、ほとんど一致してこの方式を用いたということであった」(6)という。一八九〇年の春、中国の芝罘《チーフー》にいたネヴィアス博士夫妻がソウルを訪れ、数回の会議をもって、当地の宣教師たちに、一般にネヴィアス・メソッドとして知られている伝道方式を説明した。(7)「アンダーウッドは、慎重に祈りをもって考慮した後、大筋においてこの方式の採用を決めた」(8)という。

「これを期に、伝道団の第一の方針は、『各人がキリストに見出されたその場所において、召しに従う』ように促されることとなった」(9)。つまり職業による自活を奨励した。各人は独立したキリストの働き手であって、自分の職業によって自活し、隣人のなかでキリストにあって生きることが教えられた。使徒パウロのように天幕作りをしながら、また天幕作りを通して隣人にキリストを伝えていく方法である。信仰と行動の一致を教えたのである。

第二には、「教会の運営方法と機関を、その地の教会が独自に行ない、経営することができる範囲内で、発展させることであった」(10)。つまり自給自足の運営を奨励した。また、この自給・独立という考え方は、教育・教区立自給学校にも当てはまった。「朝鮮にいる宣教師たちは、一般の教育と教会や聖職者の教育の必要性に対しても全く気づかなかったわけではないが、最初から福音伝道の仕事で手いっぱいであったので、必要な教育の方に、思い通りに十二分の注意を払うことが出来なかった」(11)。「しかし一地方に教会が出来るとすぐキリスト者の子供たちをどうするかということが問題になった」[12]。教会付属の小学校が必要となった。「当時の統計によると、ある一宣教団だけで、主に男子の学校ではあるが、三三七の教会附属小学校があり、そのうちの三三四校は全く自立していた」[13]。小学校を終えた卒業生らは、さらに高等教育を必要とした。「これらの学校では概して、校舎と設備と教授は、本国の宣教団本部によって提供されるが、経常、臨時の運営費用は、学生の納める授業料で十分自給出来るようにすることが望まれていた」[14]。「しかし朝鮮の教会は、この仕事は自分たちのためのものであることを認識し、これらの施設に要する費用をすすんで分担しようとして、宣教団の予想をはるかに越えて、気高い努力を払いつつあった」[15]。宣教師の教えに従い、それを実践し、発展させたと言える。「このように朝鮮でおし進められた小学校、高等学校、大学を総合的に併設しようと計画された教育制度は、キリスト教徒とその子弟の教育を、第一の目的としていたのである」[16]。「もちろんそれ以外のものも入学をこばまれることはないが、宣教団の目的としているところはあくまでも教会の子弟の教育であった」[17]。これは日本との相違点である。日本と韓国とでは、送られた宣教師の数にも相違があったのかもしれない。

第三に、「教会自身が人員と資力を供給することが出来る限り、有能な会員を選び、隣人のあいだで伝道福音の任にあたらせた」[18]。教会員の中から、宣教に当てるために有能な人材を選び出したのである。

第四には、「土地の人びとにその土地にあった建築様式で、地方教会としてできる範囲の教会堂を、建てさせることであった」[19]。自分たちの教会は自分たちで建てさせたのである。そんなことは出来ないという彼らに、アンダーウッドは、「みなさんが礼拝堂を建てる気になって、その時期を知らせてくれさえすれば、喜んでやって来て、木を切り倒したり、建てたりするのを手伝いましょう」と答えたという[20]。「後になって彼らが、数的にも信仰的にも強くなったとき、……ついにかれらは外部の援助をいっさい受けずに、朝鮮で最初の、伝道のための教会をうち建てた」[21]。献堂式が行なわれたのは、一八九五年七月三日であった[22]。

このように、韓国の初期のキリスト教の特徴は、宣教師たちが、韓国人キリスト者を自立させるように促したこと、また韓国人キリスト者が宣教師に従い、自立に向かって努力した点である。

韓国における初期のキリスト教の特徴の第二は、日本における初期のキリスト教伝道が聖書翻訳に力を入れたのと同様、韓国における初期のキリスト教伝道もまた、聖書翻訳に力を注いだ。「聖書の翻訳は最も重要なことと考えられ、早くから個々の宣教師の留意することであった」[23]。「一八八七年J・C・ヘボン博士は筆者〔アンダーウッド〕に、朝鮮全土の翻訳活動を一つに結集することの必要性を強調した」[24]。アンダーウッドが仁川に到着した二年後のことである。「かれ〔ヘボン〕の提案により、聖書委員会がこの年の夏に組織され、H・C・アペンセラー牧師とW・B・スクラントン博士に筆者の三人が翻訳者に任命された」[25]。「アペンセラー牧師は、この会議に出席する途中で起こった思わぬ事故でなくなるまで、この務めにはげんだ」[26]。「朝鮮の新約聖書は日本の新約聖書よりすこし早く完成している」[27]。十五世紀に創られたハングル文字が、日本の文字より平易であったことも翻訳事業を早めた要因であったであろう。

教派を超えて、また仕える国、国境も超えて、日本、韓国、そして中国で仕えていた宣教師たちは皆、一致連携し、協力して宣教の業を、特に聖書翻訳事業を推し進めていったのである。

二　日本におけるプロテスタント宣教師による初期の教育的伝道の働き

二・一・宣教師ヘボン「聖人」ヘボンから「人間」ヘボンへ

まず、大西晴樹の『キリスト教学校教育史話』より、日本における最初の宣教師の働きを見ていきたい。大西は、日本に最初に入ってきたプロテスタントの宣教師として、三名を挙げている。一人目はアメリカ長老・改革教会宣教師ヘボンである。ヘボンは、これまでの「聖人」ヘボンという受け止められ方から、近年の研究により「人間」ヘボンという見方もされるようになってきたという。妻クララの苦悩に焦点を当てた論文や手紙の翻訳の刊行により、ヘボンの影の部分にも焦点が当てられている。(28) 大西はヘボンについて著書の約四分の一の紙面を割いている。他の二人は、同様にオランダ・アメリカ改革教会宣教師ブラウン、フルベッキである。紙面の関係上、この論文では、ヘボンに焦点を当てたい。

一八八一(明治一四)年三月一六日のヘボンの書簡には、W・E・グリフィス博士宛てに、ヘボンが書いた自伝的略歴が記されている。

ジェームス・カーティス・ヘップバーン(ヘボン)は、一八一五年三月一三日、アメリカ、ペンシルヴァニア州ミルトンに生まれた。父方はスコットランド系のアイルランド人、母方は英国人である。(29) 父サミュエルは法律家であり、母アンニ・クレーは監督教会(アングリカン)の牧師の娘であった。(30) ヘボンが宣教医師になろうと決心したのは、一八三四年の冬、ペンシルヴァニア大学医学校の講義を聴いていた時である。(31) 家族、特に父親の反対を受けたが、クララ・リートと出会い、結婚する。(32)「共に外国宣教を志す妻が与えられたことは、無上の好条件であった」とヘボン自身が語っている。(33) 二人は捕鯨船ポトマック号に乗り、一八四一年三月一五日、ボストンを出港した。(34) ヘボン二六歳、クララ二三歳であった。(35) 五月一二日、クララは初めての子を船中で流産してしまう。(36) 七月一二日、船はシンガポールに寄港、ヘボン夫妻は上陸する。(37) そこで、華僑の教育に当たり将来に備えて中国語を学びながら二年近く過ごし、将来日本で二十年間共に働くことになるオランダ・アメリカ改革教会の宣教師ブラウンに出会っている。(38) その後、一八四三年にアヘン戦争が終わり、中国伝道の道が開かれる。(39) ヘボン夫妻は、中国出発直前に男児が与えられたが、その子をも数時間で失っている。(40) その悲しみと、中国伝道の大志を抱いてヘボン夫妻は一八四三年六月九日にマカオに到着する。[41] 夫妻は、英軍占領下のアモイに移動し、コロンス島で、宣教医師W・H・カミング博士と施療活動に従事し、次いでアモイで施療所を設ける。[42] しかしながら、数ヶ月も経たないうちに、ヘボン夫妻はマラリアに冒されて倒れてしまい、妻とそこで生まれた息子サムエルの健康を案じたヘボンは、一旦マカオに後退する。[43] 健康の回復を待ったが、逡巡の末帰国を決意する。[44] 大西によると、「ヘボンは、若さと献身の情熱に押されて出発し、失意の果てに撤退した東洋伝道を日本伝道への『準備』として位置づけている」[45] と言う。

米国へ帰国後、ヘボンは、ニューヨークにおいて十三年間開業医をしながら、再び、海外伝道のチャンスの到来を窺っていた。[46] その間、サムエルの弟としてニューヨークで生まれた五歳、二歳、一歳の三人の男の子をそれぞれ流行病で亡くしている。[47] ヘボンは、外国人居留地内での礼拝を許容した日米修好通商条約が締結されると、開国間もない日本へ宣教医師として赴任することをアメリカ長老教会海外伝道局に志願して、承認される。[48] 一四歳になるサムエルの教育を配慮して、一人息子を知人に預け、一八五八年四月二九日、ヘボンとクララはサンチヨ・パンザ号で新たな宣教地日本へ向けて出帆した。[49] ヘボン四四歳、クララ四一歳であった。[50]

妻クララは一八六三年から宣教師館において、男女共学の英語塾、ヘボン塾を開き、そこから将来の外務大臣林董《ただす》、総理大臣高橋是清、三井物産創設者益田孝らが輩出された。[51] ヘボン塾は日本における最初のプロテスタントの私塾として、安息日学校（日曜学校）や讃美歌教育が行われ、明治学院やフェリス女学院の源流をなす。[52] それと同時にヘボンとブラウンが始めた聖書翻訳は、一八七二年にヘボン邸で開催された第一回在日宣教師会議でプロテスタント各派の共同事業として組織的に遂行することが決議され、ヘボンは新旧約聖書の全訳に編集者として深く関わることとなった。[53]

大西はいう。「こうして、ヘボンの勤勉さと他者と分け隔てせずに接する態度によって、ヘボンの日本伝道は、プロテスタント伝道の先駆けとして大きな役割を果たしたのである」[54]。ヘボンの勤勉さは、大西も言うように、親から譲り受けたピューリタンの信仰に由来し、他者を分け隔てせずに接する態度もまた、キリスト教信仰さらには医師としてのヘボンの人間理解と実践に基づくものではないかと考える。

しかしながら、後半は、「人間」ヘボンの側面として、ヘボンの独身女性宣教師に対する不満が著しいものであったことが書かれている。「独身女性宣教師に対するヘボンの主張は、これまでの『聖人』ヘボン像では蓋をされてきた部分でもある」[55]と大西はいう。具体的には、一八八〇年の本部宛書簡において、この間本部が雇い入れた八人の独身女性宣教師のうち、四人は結婚のために、一人は不満から伝道の最前線を離脱したことへの失望が記されているという[56]。大西は、「女性宣教師や女性看護婦を自立した専門職として認めないヘボンの職業観は、ヘボンが南北戦争以前のアメリカ合衆国で育ったという時代の制約を受けているとはいえ、小檜山〔ルイ〕、亀山〔美知子〕のような女性史家から鋭く指摘されるように、家父長主義的な男性中心の職業観がヘボンの中に深く根を下ろしていたからにほかならない（守屋友江「ヘボンの伝道方針」、明治学院大学キリスト教研究所『紀要』第三五号、二〇〇二年）」という守屋に同意している[57]。「ヘボンの職業観が、神の前における両性の平等を妨げるものであるならば、いかに敬虔であるとはいえ、女性や子どもから『人情のない冷たい宣教師』と受け取れるのは故なきことではなかったのである」[58]と大西は付け加える。

ヘボンに、家父長主義的な男性中心の価値観があったと認めたとしても、日本での最初の宣教活動において、戦力となった宣教師らが、いかなる理由であれ欠けることは、避けられるなら避けたいことであったであろう。実際この時期の第一義的な宣教目標は何と言っても聖書翻訳であった。これに全身全霊に専念しつつ、妻クラとともに最初の英語塾を開き、教育を通しての宣教の業を始めて行ったヘボンには、他のことをする時間は残されていなかった。自分と同じ宣教の理解をもった質の高い宣教師を求めたのは、当然のことである。実際、ヘボンの書簡の中には、中国にいたネヴィアス氏のごとき人に協力して欲しいという内容が何度も何度も繰り返し出てくる。[59] 同じ思いで宣教の業に当たることができる仲間を持つことは、当時、危険で忍耐を要する宣教地において、人間ヘボンが願った当然の思い、願いではなかったか。

またヤングという知人に任せて母国に残してきた息子サムエルとの関係についても記されている。ヘボンは息子をも宣教師にしたいと望んでいたが、サムエルは日本での就職を選び、そして生涯キリスト教信仰を告白することはなかった。

息子サムエルとの関係に関しては、一四歳になる息子のことを考えて、知人に預けるという親としては身の裂ける思いの決心をしたことであろう。それはヘボンの個人的な選択であり、息子のサムエルの心中は量り知れないと言える。サムエルがヘボン一家の墓に埋葬されていない事実から判断して、「父親と息子の溝は埋まることはなかったようである[60]」と大西はいう。韓国においては、宣教師の子弟のために学校が建てられていった。韓国の宣教師たちは、子弟の教育を第一とした。一方、人間ヘボン自身、息子への信仰継承には悩み、心を痛めていた。日本のキリスト者の家族への信仰継承、教会の信仰継承が困難である点と重なる象徴的な事実である。

二．二．初期の日本のキリスト教の特徴

一八七二（明治五）年に日本で最初のプロテスタント教会である日本基督公会（The Church of Christ in Japan）が設立され、一八七七（明治一〇）年にアメリカ長老教会、アメリカ・オランダ改革教会、スコットランド一致長老教会と合同して日本基督一致教会となり、一八九〇年に信条を制定して日本基督教会と改称した。[61] 植村正久（一八五八―一九二五）は、下谷教会牧師を経て、番町教会・一番町教会・富士見町教会と改名した教会の牧師として、また当時流布した進化論、無神論、不可知論などに対してキリスト教的有神論を擁護した『真理一斑』

の著者、そして『福音週報』（後に『福音新報』）の刊行主宰者として、日本基督教会の教会形成の中心となって活動した。[62]

大西は、植村が「二〇世紀初葉」の日本基督教会に付与した特徴を三つ挙げている。第一は、日本の教会の「自給独立」を説いた独立教会論・国民教会論である。それは、新興国日本のナショナリズムを基盤として、また教会はイエス・キリストのみを主権者とするという、独立教会論的な教会理解に基づくものであったという。[63]その意味では、外国ミッションのみならず、国家からも教会の独立を説く「自由教会主義」の可能性をもつものであったという。[64]

植村が目指した日本伝道の基本的なあり方は、まずは外国ミッションから離れて「自給独立」の伝道体制を確立することであった。[65]すでに日本基督一致教会時代から、日本人信徒の指導者の中には、外国ミッション主導型の伝道体制に次第に飽き足らなさを感じる人々が出てくるようになっており、「自国の伝道は自分たちの手で」という自覚が芽生えていた。[66]

第二の特徴は、同じ自給独立論者でも無教会の指導者内村鑑三との決定的な相違点としては、植村の女性牧師論がある。[67]植村は教会役員への女性の登用をいち早く提言し、多くの女性指導者を育て、日本で最初の女性牧師を誕生させた。[68]植村は『福音新報』（第一三三二号、大正九年一一月四日）において、女性は教会の長老のみならず、按手に授かり、教職にも任ぜられて当然であると主張した。[69]

第三の特徴は、「自給独立」の教会の担い手として、都市中間層の教会を組織したことである。[70]植村の牧会した一番町教会は、その典型のような教会であった。[71]植村が「下谷教会から、四年間の無任所時代を挟み、山の手にある麹町の一番町教会〔中略〕に移ったのには、彼の伝道戦略が込められていました」[72]と大西はいう。「すなわち、独立教会・国民教会の担い手としての都市中間層の取り込みにあったのです」[73]という。植村は「日本の教会が力を傾けるべきは、あくまで伝道であり、国民教会の形成であると考えており、資力を必要とし、結果として外国ミッションに依存することになる社会事業は、日本の教会にとって将来の課題と考えていたことは事実だと言えます[74]」と大西はいう。

三　両国の共通点と相違点

欧米の宣教師を通して始まった日韓両国のプロテスタント宣教師による最初の教育的伝道には、幾つかの共通点が見られる。

第一に、聖書翻訳に何よりも力を入れたこと、その際、宣教師たちが教派を超えて協力して事業に臨んだ点である。例えば、ヘボンは長老派という教派的アイデンティティが強く、時に「地上における諸教会の一致は不可能である[75]」と言ったり、「わたしどもは、ややもすれば宗派的に働こうとする偏った狭い考え方のために、かえって真理をあやまってしまうことになるようなことがありはしないかと、ときどき考え[76]」るとも言っている。聖書翻訳のため、また教派を超えた一致を保つための苦労と努力が窺える。教派間の一致を得ることは、実は簡単なことではなかったようである。

また受け容れた側の日本人の特徴としては、自給独立の精神が強かったこと、一方の韓国の特徴としては、最初から、宣教師や外国のミッションから独立して、自分たちで、自立して教会を始めることが宣教師によって奨励されていたという点では、違いがある。結果的に、両者ともに独立・自立を求めることとなったが、日本は日本側から自ら独立・自立を求め、韓国は宣教師によって独立・自立を奨励され、韓国人が宣教師の教えに従い、自立を成し遂げていった。また韓国人は宣教師との関係が良好であった。韓国人は宣教師を敵ではなく、友と見なし、よく教えを受けた。

しかし、独立心の強かった日本人の教会はその後様々な理由により、伝道が困難となる状況が重なり、現在に至る。一方の韓国の伝道は聖霊の力をもって目覚ましく、進展していったが、現在は再び自立の問題を抱えているという。

四　現在の韓国宣教事情　イエス教長老会世界宣教本部の報告より

韓国教会研修旅行において、イエス教長老会世界宣教本部の報告を聞く機会があった。現在の韓国宣教事情が具体的にわかるので、ここに記しておきたい。邊昌培事務総長の報告によると、現在韓国の人口は、四九〇〇万人で、その内九九七万人がキリスト者である。七五〇万人が仏教徒である。以前は仏教徒が第一位であったが、二〇一五年一一月の調査で逆転した。しかし、現在二三〇〇の教会が自立できずにいる。そのために四つの戦略を考え、実践しているという。

第一には、冬の時代にある教会には、冬に合った教会運営をしていくことである。節約をしつつ、次世代を育てていくのである。

第二には、十年前から、大きな教会が小さな教会を支援しているという。またピン・ポイント伝道を行い、大学生、小学生、農民、ホームレス、それぞれに合った伝道を考え、実践しているという。イエス教長老会の成長センターはあと二年は継続して運営する予定であるという。

第三にいやしと和解について、生命共同体として、南北の和解という大きなテーマを抱えている。また富者と貧者、老人と子供の和解も必要であるという。「二〇一二年から二〇二二年は、エキュメニカルな十年としてのいやしと和解の生命共同体ムーブメントとして、霊的、社会的、経済的レベルでの生命維持の計画が行われている(77)」。

第四に、田舎での伝道である。現在、農村の牧師が最も教育を受けた者であるという。月曜日から土曜日までは牧師は村に仕え、村全体を生活に良い環境に変えていくという。

韓国教会研修旅行の最後に、長老会神学大学校で韓国の学生と教授とまた日本からの私たち八名と合わせて二十名弱で対話の時間が持たれた。現在、一三%の教会が無牧であるという日本の現状に対して、韓国の神学生の八〇%が赴任先がないという両者の現実に互いに驚愕した。討論の時間は三十分弱と大変短い時間であったが、互いの問題に同時に気づかされる貴重な時間であった。両者の対話があって初めて、互いの問題点を強く認識し、また解決に向かっての第一歩を踏み出すことができるのだと思わされた。

朴憲郁はいう。「アジア各国のキリスト教は、相互の分化、歴史、精神風土、そして教会史の相違を踏まえ、比較するに留まらず、その相違性・異質性を越境して、神の民としての同質性を可能にする恩寵の事実に目を向ける必要があろう(78)」。各国のキリスト者が、言語、文化、国境、様々な違いを乗り越えて、見えざる霊的な一致を見る創造性が何よりも大切とされている。

五　結び

日本の伝道は、日本人がやればよいという時代は終わったように思われる。日韓両国の建設的な対話が解決の糸口となる。また日韓関係のみならず、もう一つの隣国である中国、さらにはアジア全域のキリスト教との見えざる一致を持つ視点を持ち、宣教の業を進めていくことがこれからの課題である。そのためには、日本の教会が自己完結することなく、外に目を向け、外に出て行き、また外から来た者を受け入れ、互いから学び合い、互いを刺激し合い、新しい世界を創り出していく、主体的かつ関係的、創造的な教育が期待されている。

注

（1）大西晴樹『キリスト教学校教育史話――宣教師の種蒔きから成長した教育共同体』教文館、二〇一五年、二一五頁。
（2）同上。
（3）土井栄鯉子「韓国初期プロテスタンティズム導入期の宣教師アンダーウッドの役割」東京神学大学、二〇一三年、九頁。
（4）同上。
（5）同上。

(6) H・G・アンダーウッド『朝鮮の叫び声』韓訳、未来社、一九七六年、五―六頁。
(7) アンダーウッド、一一二頁。
(8) 同上。
(9) 同上。
(10) 同上。
(11) アンダーウッド、一一四頁。
(12) アンダーウッド、一一五頁。
(13) 同上。
(14) アンダーウッド、一一六頁。
(15) 同上。
(16) 同上。
(17) 同上。
(18) 同上。
(19) アンダーウッド、一一二―一一三頁。
(20) 同上。
(21) アンダーウッド、一一二頁。
(22) 同上。
(23) アンダーウッド、一二四頁。
(24) 同上。

(25) 同上。
(26) 同上。
(27) アンダーウッド、一二五頁。
(28) 大西『キリスト教学校教育史話』四頁。
(29) ヘボン『ヘボン書簡集』高谷道男編訳、岩波書店、一九五九年、二九二頁。
(30) 大西『キリスト教学校教育史話』二四頁。
(31) 大西、二六頁。
(32) ヘボン『ヘボン書簡集』二九四頁。
(33) 大西、二七頁。
(34) 大西、二七―二八頁。
(35) 大西、二八頁。
(36) 同上。
(37) 同上。
(38) 大西、二八頁。
(39) 大西、二九頁。
(40) 同上。
(41) 同上。
(42) 大西、二九―三〇頁。
(43) 大西、三〇頁。

(44) 同上。
(45) 同上。
(46) 大西、三一頁。
(47) 同上。
(48) 同上。
(49) 同上。
(50) 同上。
(51) 大西、四一頁。
(52) 同上。
(53) 同上。
(54) 大西、四一―四二頁。
(55) 大西、四二頁。
(56) 大西、四五頁。
(57) 大西、四七頁。
(58) 同上。
(59) ヘボン『ヘボン書簡集』二〇頁、二三頁。
(60) 大西、五三頁。
(61) 大西、八二頁。
(62) 大西、八三頁。

(63) 同上。
(64) 同上。
(65) 同上。
(66) 同上。
(67) 大西、八五頁。
(68) 大西、八六頁。
(69) 同上。
(70) 大西、八七頁。
(71) 同上。
(72) 同上。
(73) 同上。
(74) 大西、八九頁。
(75) W・E・グリフィス『ヘボン――同時代人の見た』教文館、一九九一年、一八六頁。
(76) ヘボン『ヘボン書簡集』二七五頁。
(77) The Presbyterian Church of Korea, *VISION of PCK (2012-2022)*, p.15.
(78) 朴憲郁「『東北アジア公同教会』の現実と課題」、『聖学院大学総合研究所紀要』No.61、聖学院大学総合研究所、二〇一六年、二二一頁。

参考文献

1. ヘボン『ヘボン書簡集』高谷道男編訳、岩波書店、一九五九年
2. H・G・アンダーウッド『朝鮮の叫び声』韓訳、未来社、一九七六年
3. キリスト教学校教育同盟編『日本キリスト教教育史　人物篇』創文社、一九七七年
4. W・E・グリフィス『ヘボン――同時代人の見た』高谷道男訳、教文館、一九九一年
5. 土井栄鯉子「韓国初期のプロテスタンティズム導入期の宣教師アンダーウッドの役割」東京神学大学、二〇一三年
6. 大西晴樹『キリスト教学校教育史話――宣教師の種蒔きから成長した教育共同体』教文館、二〇一五年
7. 朴憲郁「『東北アジア公同教会』の現実と課題」聖学院大学総合研究所紀要№61別刷、聖学院大学総合研究所、二〇一六年
8. The Presbyterian Church of Korea 編小冊子、年号不詳

コメニウスの平和教育のヴィジョン

朴　憲郁

はじめに

筆者は最近、ある学術紙にキリスト教的平和教育学の一端に触れた小論を寄せた[1]。その結びにおいて、おおよそ次のように述べた。キリスト教は近現代に限っただけでも戦争で覆われた諸民族の中で、政治的舞台における崩壊を経験した。しかし時折、本来のものが一瞬輝き、今日まで記憶に留まっている。キリスト教的平和教育学を特徴づける信頼と暴力回避の道は、この原初的輝きの痕跡を捉えて用いようとする。それは基本方針であり、暴力の悪循環を打ち破る。キリスト教的平和教育学は、神の平和によって打ち立てる赦しを知っている。自分が赦されたゆえに他者を赦す者（主の祈り）は、自らの攻撃潜在性を克服し、それゆえにおそらく敵をも内的に克服し得るのだと。

今述べた意味内容をもつ平和神学的伝統に立った神学者であり教育学者の一人として、コメニウスを挙げることができる。彼は終末論的平和を見つめつつ、現実の世界平和に貢献しようとした。この紙面では、彼のそうした貢献の足跡を辿り、その意義を明らかにしたい。それによって、現代世界における道義性と秩序を取り戻す確かな道を指し示す手がかりを得たいと願うからである。

近代教育学の父と称されるヨハン・アモス・コメニウス（Johan Amos Comenius）の主著、『人事の改善に関する人類宛の総提言』（*De rerum humanarum emendation consultation catholica*）は七部からなる未整理の大著として、第四部の「汎教育」（pampaedia）の教育哲学を含んでおり、〈全人類〉（ad genus humanum）に向けられている。思考の幅は呼称において明らかで、彼はヨーロッパの知識人たちにこう呼びかける。「ヨーロッパの有識者、聖職者、有力者に向けて」。

ヨーロッパ的規模のみならず、世界的規模の〈改善〉はすでにその当時、この無比の先駆的思想家のテーマであり、それは今日も適切である。そして世界的な骨折り、包括的・国際的な〈提言〉（consultatio catholica）だけが、唯一効果的なやり方と思われる。越境的で全地球的な政治学、哲学、神学、教育学が問題である。このグローバルな次元が問われている。コメニウスはこの方法で、何をもたらしたのであろうか。そして、この方法がなぜそんなに驚くほど緊急かつ今日的なのであろうか。

1. 政治的亡命者と全地球的市民社会

亡命者たちは国境を越える。彼らは故郷を去り、外国の避難所を探す。受け入れる社会で彼らは、故郷で受けていた保護と安全を喪失し、疎外されて、脅かされる。根を下ろすことの心理的意味だけが過大評価されてはならない。アイデンティティとは住まいを必要とし、故郷はこの世における場所を調達する。故郷は亡命者にとっても、彼らがやって来る土地の住民にとっても優れた財産である。土地に住む人々にとって、特殊な諸条件の下におかれた亡命者は、彼らを不安定にする要素であり、両者における不安定さは憎悪と衝突による血の場所となり、そのたびに亡命者はいつも弱者である。チェコ共和国初代大統領であったヴァーツラフ・ハヴェルの見解によれば、故郷を「言語よりも感情に適った仕方で新たに規定する」時が熟している。一九九七年四月にドイツ連邦議会での演説で彼は、「故郷」を「開かれた構造」と特徴づけた。「故郷はもはや神的崇拝の対象ではない」。

コメニウスはこのような新解釈を肯定したかもしれず、その場合に彼は、新たな理解が外国人と内国人双方のグループの経験を統合的プロセスにおいて豊富にし、両者からいろんな不安を取り除き、それらの不安が両者において包括的な第三領域の中に見られると、協調したのかもしれない。すでにコメニウスにとって、この第三領域はヨーロッパだけでなく、あまねく居住する全世界であった。第五部〈Panglottia〉（汎言語。共通言語の創造という意味）の序文で彼は「ヨーロッパの世界地域」の名で、「あまねく天下に散在する諸々の国民、部族、言語共同社会」に挨拶し、彼らに「平和と幸福」を願う。彼は高慢なヨーロッパ中心の意識をもって立ち現れない。というのも、神はまったくヨーロッパ人を（恐ろしい三十年戦争を想いつつ）ご自身の懲らしめによって「辱め」、「懺悔の回心に至る全世界的な道を熟慮するよう」彼らに強いたからである。その際に一方では痛ましく、もう一方で義務を負って認知されていたことを、「あたかも神の御顔の前で起こっているかのように、私たちは率直かつ正直にあなた方に伝えます。アジアにいるあなた方、アフリカにいるあなた方、アメリカにいるあなた方、マゼラン地域にいるあなた方に」。

我々はコメニウスと共に、ヨーロッパ的という民族的狭さを乗り越えることを願う。コメニウスはヨーロッパ人を追い越し、グローバルな視野をもった全ヨーロッパ人の共同責任によって、さらに大きなスケールで先に進む。脱限界は全体的であり、より大きな故郷を志向して自然的故郷を止揚することには制限がない。コメニウスと共にヨーロッパに固執する道を行こうとする者は、自らの枠を超えて引き裂かれる。このグローバルな視野が、本論考における指導的な視野である。コメニウスの思考体系のもつ認識論的・実践的な現代性といった別の方向を示す視野も存在する。つまりコメニウスを手がかりにした考察は、我々の時代への関連を可能にする(2)。

すでにコメニウスは、今日のいわゆる「全地球的な挑戦」の大部分によって悩まされていた。それらの挑戦は現在に当てはめると、国際政治、超国家的な商品と金融の市場、惑星の生態的安定性、世界経済と世界国家性に対する国際的秩序形態における法の役割、グローバルな倫理感（エートス）の意味、諸宗教の貢献、そして、これらすべての意図を教育的、社会的に実現するいくつもの道などである。

昨今の越境的な商業取引の劇的な増大は、国際的依存の新たな段階に導いている。この状況において多くの問題は、もはや国民国家的には解決されない。安全と福祉および支配の領域における、独自の市民に係る価値配分の重要な部分は、国民国家の物質的統制の彼方にあり、独自の領土的境界の外側に見いだされる(3)。

それゆえに現在の議論は、〈グローバルな市民社会〉（global civil society）の未来像（ヴィジョン）をめぐってなされる(4)。コメニウスが、均斉の取れた情報伝達を伴う一般的〈助言〉の形で共同準備された市民的扱いのための委員会（世界規模の市民的諸機関）を要求する時、彼は目の前にグローバル市民社会を描く。このようにして戦争と暴力によらず、残酷な競争と無遠慮な自己主張にもよらず、人間らしい共生が地上で促進され得る。「時は迫っている(5)」。コメニウスにとって時は世界史的に、同時に終末論的に迫っている。

2. 思考と苦難——実践のための思考

亡命者コメニウスの思考は、一貫して繰り返される死の恐怖の苦難という試練に遭っている。彼の最初の若い妻マグダレナと二人の幼児が、ペストで死別した。彼の二番目の妻ドロテアは長い闘病生活の後に、夫と二歳のダニエルと五歳のスザンナ、および年長の二人の娘を後に残して死別した。青年コメニウスはすでにボヘミア戦争の初めに、拘束の委託を受けたハプスブルク家側から迫害された。一六二八年凍える二月に彼は他の人々と共に、高い山脈を越えてポーランドのリッサに逃亡する。その数年後（一六五六年）に彼は、スウェーデン・ポーランド戦争に見舞われたこの町で耐え忍んだことで、彼の一切の所有財産とほぼ全蔵書を喪失した。それは、彼個人にとって最大の苦しみであった。最悪の超個人的苦難は、ウェストファリア平和条約における政治的約束に反して、ボヘミアがハプスブルク家に留まり、カトリック信仰に対するルター派とカルヴァン派の信仰の（国全体に規則化される）同権がボヘミア同胞教団に対しては適用されないということに対するとめどもない失望である。[6]

コメニウスは常に第一に、彼の教会と教会刷新のためにいくつもの著書を書いていたが、今や彼の生の使命は根本的な疑問に付される。しかしこのことが、彼を益々人類への奉仕に駆り立てる。勉強机で理論形成に固執するこの思想家の思考、および苦難に満ちた実践の場所における唯一の思考は、カテゴリー的に他と異なる。悩ましい懐疑とより良き世界への不屈の憧憬の狭間のそのような場所で、まず彼岸ではなくここで、実践変革的な思考は生まれ、それが他に先んじて駆り立てられる。彼と同時代を生きたルネ・デカルトは、オランダのライデンから遠くない小宮殿エンジェゲスト（Endegeest）に隠棲して一人で哲学したが、彼の思考の中心は「我」に向けられていた。これに対して、コメニウスは相互対話的、社会的、政治的な諸カテゴリーにおいて考えた。それらは人間の共同体に係っており、その神学的焦点は、個々の罪人の義認ではなく、希望の根拠となるものは、神によって実現され救われる世界状況全体の回復である。もとより彼は宗教改革の福音主義的信仰に立っており、

「幼小の頃より聖書を知ることによって、世間的な腐敗から容易に救われ、……イエス・キリストへの信仰を通して救いに至ることができる」と確信している。[7]

3．世界平和政策

仕事と生活はコメニウスにおいて結び合っている。彼は学校改革プログラムと教科書の執筆を求める少なからぬ委託を引き受けたが、それは、これによって彼の、教会を故郷に引き戻すための政治的繋がりを確保したいとの願いがあったからである。彼が強力なスウェーデン宰相オクセンスティエルナの招待を受け取った時、そんな希望を抱いた。ジーベンビュルゲン（Siebenbürgen, 現在のルーマニア中心地域）侯国における彼の滞在も、同様の熟慮に動機づけられている。

全ヨーロッパ諸国でオランダと英国が彼には最も親しかった。両国ともプロテスタントであり、両国とも指導的な人物たちが揃っていて、一生の間、学校改革を遙かに越え出る学問・社会改革を求める彼の汎知学（pansophia）的な諸計画に対して開かれていた。だが事もあろうに、両国は対立し合う戦争に陥ったのである。この事件は二通りに作用して、具体的な実践における平和政策家コメニウスを際立たせる。というのも第一に彼は、慌ただしく一種の平和陳情書『平和の天使』（*Angelus pacis*）[8]を書き上げた。この書物を、彼はまったく幸運なタイミングで（蘭英戦争が終結し、英・蘭・仏・デンマーク四国間でブレダ条約が締結された）一六六七年の五月に、締結交渉当事者と英蘭の国家元首たちに送った。その二ヶ月後に、両国の全権使節たちと出会った。彼はもはや七五歳になっていた。第二にこの取り組みは、コメニウスを憤慨させた戦争原因の現実政治的な分析家として、彼をクローズアップさせる。

彼は係争中の締結交渉当事者たちのもとに旅し、その残虐な戦争の原因のことでイギリス人とオランダ人たちを容赦なく非難する。この原因とはいわゆるライバル意識以外の何ものでもなく、また、「他民族への航海とそこから出る収益を互いに奪い合う」努力以外の何ものでもないならば、「益々おぞましさと罪過が増し、その結果、風習と知恵と宗教を共に築いてきたキリスト教諸国家がこの世の事で無慈悲にも互いに交戦することになるのだ！」(9)。

人々がコメニウスに会談場のブレダで説教して語ることを許すという形の平和仲裁は、ヨーロッパの平和にのみ差し向けられたものでなく、コメニウスがヨーロッパのキリスト教諸国民が非ヨーロッパ諸大陸に対して信頼に値するとの前提でヨーロッパ統合を見つめたという意味で、世界平和にも差し向けられている。それに対応して、すでにこの平和陳情書のタイトルは、「ヨーロッパの全キリスト者に、さらにまた全世界の全民族に送る」ために差し出されている。それは、「彼らが戦争を中止するためである」（注（8）参照）。

『総提言』の第六部は、全世界の改善を求める〈panorthosia〉（汎改革）という題名を付している。ここで、コメニウスは三つのグローバルな機関、すなわち超国家的機関として人類のグローバルで重要な行為を調整し統制すべき世界評議会か世界裁判所を描く。それは第一に、世界教育評議会としての「光の同僚団体」である。それは、国民教育制度の改革が進展して、「どこかの学校が相変わらず勉強家屋か精神的苦役として存続する」のを我慢するような場所をなくすためである。第二に、国際平和の確保に向けた世界裁判所である。第三に、諸宗教の和解に向けた世界会議である(10)。諸審議会は多様な国家の代表者たちから構成され、多様な国家の中で交代して担われるべきである。それらは、現代の国際連合教育科学文化機関（ＵＮＥＳＣＯ）、オランダ・ハーグの国際司法裁判所（ＩＣＪ、International Court of Justice）、世界教会協議会（ＷＣＣ、The World Council of Churches）に対応している。それらによって、必要不可欠な現実的理想（Realutopie）としての諸構想が明らかになる。それらは幻想ではない。全地球的な市民社会に向けた現代的議論は、同一の主題を扱っている。

4．邪魔になる、周辺化した水平思考家

コメニウスのような卓越した前衛的・水平思考的な思想家は称賛されるだけでなく、昔から激しく鋭く戦いを挑まれてきた。聖なるもの、宗教的真理、過激な争いの最も敏感な領域などに係ると思われる所で、最も鋭利な抵抗があったということは、啓発的である。コメニウスは真理を探し求め、それを彼にとってイエス・キリストの中に明瞭に見出した。もちろんそれは、すべて告白的な真理の言い回しを相対化する仕方によってである。彼は「最後の改革」を引き上げて導こうとした。

「それは真のカトリシズムである。というのも、我々は哲学と宗教と政治における分裂を除去した後に、すべてカトリック的になり始めるからである。すなわち、我々はプラトン学派やアリストテレス学派やストア学派の者、その他の者ではなく、哲学者である。またルター主義者、カルヴァン主義者、教皇主義者、その他ではなく、むしろキリスト教徒である。オーストリア人、スペイン人、フランス人、その他ではなく、すべて同じく善良な市民であり、自由な世界国家の構成員である(11)」。

この卓抜な世界市民的見解は人を不愉快にし、今日まで過激な苛立ちを引き起こしている。だがそれはいくつ

かの観点で世界史的に、手に取るほど間近に迫っている。世界国家の理念は今日、正当に論じられている[12]。しかし、世界国家はコメニウスにおいても、世界統一国家としてはまったく考えられていない。なぜならば彼が提案した諸機関は、国民的代表者たちによって担われるべきだからである。人は今日、国際連合と並んでヨーロッパ共同の諸機関・施設を比較する。世界教会協議会（ＷＣＣ）のエキュメニカル理念が一九四八年の創設以降に実現して、広く三〇〇以上の教会を包摂しているが、ローマカトリック教会はこの共同体に所属せず、さらに教皇ベネディクト十六世のもとで一時退いていた。だがそれにもかかわらず、世界教会全体の発展はもはや後退させられてはならない。コメニウスは彼の晩年の著書『必要なる一事』（*Unum necessarium*）の中で、彼の神学的基礎として聖書、使徒信条、主の祈り、十戒など、いわゆる共有する諸告白をあげている[13]。それらは確かに今日まで多くの告白的諸見解にとっては極めて僅かであるが、まさにひとえにこれらの諸見解にとって重要なのである。

コメニウスを見て人は、個々人がこの世に助言を与える自由を我がものとすることを、「耐え難い奔放と軽率」と呼ぶ。そのような批判を、彼自身が引き受けて要約している。その批判に対して、彼は忘れ難い諸文章で答えた。

「どの人も良き事および神の助けへの信頼によって、あえて自分を全世界に差し向け、理性的に振る舞うよう警告して人類に勧告する勇気をもつ時、人はそれを軽率と呼ぶべきではない。その理由として第一に、我々すべては大きな世界劇場に座するからである。演じられるものは、我々すべてに関係する。我々はすべての光を太陽から得ており、神のおかげで我々はそれに目を向けるのである。第二に、全人類は一つの部族、種族、家族、家だからである[14]」。

コメニウスは、オランダのフローニンゲンの保守派神学者サムエル・マレシウス（Samuel Maresius, 1599-1673）から非難された時、それに対する弁明のために、みずからの汎知学思想の発展を自叙伝風に綴ったパンフレットを公にした。熱心に正統信仰を心がけたマレシウスの不寛容は、一七八五年に『人間的愚行の歴史』を著したアーデルング（Johann Christoph Adelung, 1732-1806）も指摘するように、啓蒙主義手引書にまで繰り返し言及される。だがコメニウスは「人類の全市民的な憲法を全面的に書き変えること」を考えた、と言われる。[15]

5. 卓越した観点

コメニウスが政治家と軍人、ヨーロッパのパワーエリート（特に軍の上層部）の仕事に立ち入って振る舞い、出現し、大胆に異議を唱える権限を、彼に与えたものは何であろうか。彼の道の可能性を拓く条件は、神に対する彼の信仰と神の真理の認識である。それは二つの側面をもつ。第一に、神がご覧になる世界現実は本来あるべき状態では全くないのであり、むしろ堕落している（corruptio）。そして人間は、誠実であり正確に目を向けるならば、自分でそのことを認識する。この〈corruptio〉の故に、神は自らの創造物を改善し（emendatio）、ご自身に連れ戻す。その口調は二様であって、否定と肯定である。第二は第一のことを前提にする。〈emendatio supponit corruptionem〉（神は堕落したものに改善をもたらす）。悪しきものとの相違はその深みにおいて、絶対者である神によって初めて根本的に認識される。

コメニウスはこの優れた神的視点を受け入れることによって、彼の批判的かつ多様な見方に対して自己弁明するものは何もあり得ない。つまり、もはやいかなる言い逃れもない。神によって世界状況に差す〈光〉は神の前で、例外なくすべてをあからさまにする。啓発的な光は、すでに先に引用した〈太陽〉という隠喩によって、我々のもとに神によってやってくる。「神のおかげで、我々はそれに目を向ける」。我々の〈目〉へのほのめかしは、悪の特質をもつ世界現実を神が暴露することが、我々の諸感覚を、それらが偏見なく物事を見つめるならば、同様に我々の真のあるべき状態を認識する感覚として用いようとする証拠となることを、言わんとしている。

これによってコメンスキーの神学、哲学、政治学、教育学はすべて批判的なものとなる。これは教会政治的、政党政治的に理解されるのでなく、自己批判的に自分と異なるすべての立場に対する要求として理解されるべきである。すなわち私は、神の前でその御心の中にいるとうわべでは言うが、実際そうであろうか？　キリスト教国家やキリスト教政党やキリスト教会として、私たちはキリスト教的に振る舞う必要があると考えるほどに振る舞っているであろうか？　批判とは試験／検証である。偽りは暴露される。コメニウスのもとで余りにも早く「調和」や「神の秩序」を誓う人は、実際の条件領域である生の現実に孕む不調和を跳び越えてしまう。プラトン的に言うならば、そのような調和は諸観念の理想的領域である。しかし我々は、自ら醜悪なものにし誤用し苦しめた実際の現象世界を扱わなければならない。この世界のために、コメニウスは『迷宮』の絵のような種々の絵を用い、惨めな信仰告白的・政治的な自己主張の争いが問題になるならば「バベルの塔」（創世記一一章）の絵を用いる。彼はバビロンの混乱ぶりを、些細なことにされたり排除されたりしてはならない事実として見たのである。

むすび

最近までも多数巻に及ぶキリスト教史全体の記述の中に、ほんのわずかの行しか当てられなかったコメニウスは、二つの理由から教育学的、神学的、政治学的なルネサンスをもたらす。その一つに、彼は（まだ十九世紀と二十世紀のように民族的に狭まっていない）自分の教育論を、神学と哲学と倫理学と政治学の中に措定した。他の理由として、教育は彼にとって中心的であり、それによってこの考察が組み込まれた。確かに教育は唯一の手段ではないが、それは文化の主体的側面として、持続的かつ人間特有の変革に向けた、内面的文化に係わる手段である。それゆえに、コメニウスに依拠したこうした考察が今日的な射程をもつことは言うまでもない。

コメニウスは宗教改革の百年後に生きたが、彼はそれを永久に求められる改革と理解した。福音主義的キリスト者存在の基本モチーフを注視するならば、ルターの場合、神の前における人間の主体が重要であり、この主体の新たな自己措定が語られ得る。[16] J・A・コメニウスと共に、神の諸々の普遍的約束の光のもとで、事前の予測が困難な広がりをもつ〈世界の舞台〉は、欧州とアジアを含む全地球的な教会の自己措定の場としてつけ加わる。「神の協働者」である個々のキリスト者もそのように教会に連なっている。我々はこの両方の手がかりを用いる。

注

（1）「福音による変革と形成——宗教教育学的考察」、『神学』79号、東京神学大学神学会、二〇一七年一二月、七—

三四頁、特に二四―三四頁。

（2）Alfred K.Treml, Comenius – ein Vordenker der Moderne, in: Ders., Klassiker, Die Evolution einflussreicher Semantik, Bd.2: Einzelstudien, Sankt Augustin, 1999, 8-47 の印象的な分析からの判断によれば、そうである。

（3）Voker Rittberger, Globalisierun und der Wandel der Staatenwelt. Die Welt regieren ohne Weltstaat, in: Ulrich Menzel (Hg.), Vom ewigen Fireden und vom Wohlstand der Natione, Frankfurt/ M. 2000, 188-218.

（4）Michael Walzer, The Concept of Civil Society, in: M. Walzer (ed.), Toward Global Civil Society, Providence RL: Berghahn Books, 1995.

（5）Carl Friedrich von Weizsäcker, Die Zeit drängt, München 1986 を参照。

（6）Klaus Schaller, Comenius-Asylant. In: Comenius-Jahrbuch, Bd.1, 2/1994, Sank Augustin, 60-81 を参照。

（7）コメニウス『大教授学』玉川大学出版部、昭和三一年／四〇年、三三〇頁。

（8）副題を含めた全題名は長い。「ブレダの英蘭全権に対して、また戦争を停止し、諸民族に平和を宣言することを願っているキリスト者の根源的な平和の場をつくるために、そこからヨーロッパの全キリスト者に、さらにまた全世界の全民族に対して送られる、平和の天使」。この作品には、両全権の役割がいかに重大なものであるか、その責務などが詳細に述べられている。他の諸著作と同様、聖書からの引用や賢人たちからの引用が多い。一九五六年、『平和の天使』は『民族の幸福』等とともにラテン語とチェコ語との対照で再編された。編者のヤン・パートチュカはその解説の中で、コメニウスのシャロシュ・パタク時代の活動が自民族の孤立を防ぐことに向けられたことを指摘すると同時に、コメニウスの思想が一民族の幸福は全世界の平和なくしてはあり得ず、国際的機関の樹立なくしてはあり得ぬという信念に支えられていたと指摘している。堀内守『コメニウスとその時代』玉川大学出版部、一九八四年、二三九頁参照。

（9） Angelus pacis, in: Ausgewählte Werke, hg. Von Dimitrij Tschiževslij/Klaus Schaller, Bd. III, Hildesheim/New York 1973-1983. 引用は Mils V. Kratochvil. Comenius-Roman eines Lebens, Hanau/M.1984, 268f. による。

（10） 『総提言』からの選集である Eine Auswahl, hg. Von Franz Hofmann, Berlin (DDR), 1970, 404f.

（11） 『総提言』第六部「汎改革」（panorthosia）のＦ・ホフマン訳と解説からの引用。Allweisheit. Schriften zur Reform der Wissenschaften, der Bildung und des gesellschaftlichen Lebens, eingeleitet, ausgewählt, übers. Und erläutert von Frany Hoffmann, Neuwied u.a. 1992, 218.

（12） Volker Rittberger, a.a.O.

（13） Das einzig Notwendige (Unum necessarium), Hamburg 1964, 144.

（14） A.a.O., 144.

（15） K. Schaller, Comenius-Asylant, a.a.O., 70 からの引用。

（16） Vgl. P. Euler, Protestantismus und Aufklärungspädagokik, in: A.Seiverth (Hg.), Revisionen Evangelischer Erwachsenenbildung, Bielefeld 2003, 23-35.

朴憲郁教授　略歴

誕生・受洗・信仰告白

一九五〇年　一月　岐阜県大垣にて誕生
一九五二年　四月　在日大韓基督教会大垣教会にて幼児洗礼
一九六七年　三月　在日大韓基督教会名古屋教会にて信仰告白

学　歴

一九七二年　二月　東京神学大学卒業
一九七四年　二月　東京神学大学大学院修士課程修了
一九七五年　二月―一九七六年　二月　基督教大韓監理教神学大学研修
一九七八年　二月　大韓イエス教長老会神学大学大学院修士課程修了
一九八三年一〇月―一九八八年一二月　チュービンゲン大学に留学し、神学部博士課程で研究
一九八八年一二月　同大学より Doctor der Theologie の学位を取得

二〇〇二年　八月—二〇〇三年　二月　アトランタのエモリー大学神学部で客員研究員

職　歴（教会関係）

一九七六年　一月—一九七八年　四月　在日大韓基督教会京都教会伝道師
一九七八年　五月—一九八三年　五月　在日大韓基督教会岡山教会主任担任牧師
一九八八年　四月—一九九六年　三月　在日大韓基督教会西新井教会主任担任牧師
一九九七年　四月—二〇〇二年春　在日大韓基督教会関東地方会牧師
　　　　　　　　　　　　　　　　東京神学大学で神学教師
二〇〇二年一一月　在日大韓基督教会より日本基督教団への国内宣教師の身分となり、
二〇〇三年　四月—現在　日本基督教団千歳船橋教会兼務主任担任教師

職　歴（大学関係）

一九八九年一〇月—一九九四年　三月　東京神学大学非常勤講師
一九九四年　四月—一九九七年　三月　東京神学大学常勤講師
一九九七年　四月—二〇〇二年　三月　東京神学大学助教授
二〇〇二年　四月—現在　東京神学大学教授
（この間、在日大韓基督教会・総会神学校の神学教師として、および、明治学院大学、青山学院大学、ルーテ

ル学院大学、聖学院大学、東京女子大学、上智大学の非常勤講師など兼務）

学会および社会における活動

日本聖書学研究所（所員。学術誌『聖書学論集』および"Annual of The Japanese Biblical Institute"の編集委員長）。日本新約学会（会員）。日本キリスト教教育学会（会員・理事）。日本キリスト教教育センター（会員・理事）。アジアキリスト教教育基金（ＡＣＥＦ）（会員・理事）。在日本韓国基督教青年会（ＹＭＣＡ）（会員・理事）。国際宗教教育・価値セミナー（The International Seminar on Religious Education and Values［ISREV］）（会員）。

朴憲郁教授　著作目録

（キリスト教教育関係のみ掲載。それ以外は東京神学大学神学会編『神学』79号に掲載）

単著・共著

『偉大な勝利の殉教者――朱基徹』（少年少女信仰偉人伝第57巻）教会新報社、一九八三年

「多宗教社会におけるキリスト教教育学の課題」、倉松功・近藤勝彦編『福音の神学と文化の神学』教文館、一九九七年、三五五―三八二頁

「『神の像』としての人間理解に基づく教育的展開」、組織神学研究会編『ユルゲン・モルトマン研究』（組織神

学研究　第1号）聖学院大学出版会、一九九八年、五六―七〇頁
「今日の『象徴』教授法――ティリッヒの『宗教的象徴』を手がかりに」、組織神学研究所編『パウル・ティリッヒ研究』聖学院大学出版会、一九九九年、一四一―一六五頁
「神の像としての人間の形成」、古屋安雄・倉松功・近藤勝彦・阿久戸光晴編『歴史と神学――大木英夫教授喜寿記念献呈論文集　下巻』聖学院大学出版会、二〇〇六年八月、八四―一〇三頁
「神学教育におけるキリスト教教育」、ＮＣＣ教育部歴史編纂委員会編（共同編集）『教会教育の歩み――日曜学校から始まるキリスト教教育史』教文館、二〇〇七年五月、二二一―二二八頁
「宗教・道徳の教育と神学的省察」、青山学院大学総合研究所キリスト教文化研究編『モラル教育の再構築を目指して――モラルの危機とキリスト教』（青山学院大学総合研究所叢書）教文館、二〇〇八年三月、二一三―二二九頁
『10代と歩む　洗礼・堅信への道』（共同監修・執筆）、日本キリスト教団出版局、二〇一三年一月二五日

論　文

「教師イエスと共同体の形成――新約聖書における教育の一考察」、『神学』55号、東京神学大学神学会、一九九三年一二月、二〇一―二二〇頁
「今世紀キリスト教教育学の経緯と今日の動向――ドイツ神学の脈絡において」、『神学』56号、東京神学大学神学会、一九九四年、一三九―一七〇頁
「日本の学校と教会におけるメディア教育について」、『キリスト教教育論集』6号、日本キリスト教教育学会、

一九九八年（「第10回国際宗教教育・価値セミナー」学会での発表が同学会誌に掲載→）Heon-Wook Park, Media Education in Japan School and Churches, in: PANORAMA, International Journal of Comparative Religious Education and Values, Vol. 10 / No. 2 / Winter1998, Wolfenbüttel, Germany.

「モラル崩壊に直面する幼・少・青年への宗教倫理の教育」、『紀要』2号、東京神学大学総合研究所、一九九九年、八九―九九頁

「今日の〈家族〉に対するキリスト教教育学的一考察」、『神学』61号、東京神学大学神学会、一九九九年、三―二七頁

The Problem of Character Building in Japanese Public Education（「第11回国際宗教教育・価値セミナー」学会発表）in: PANORAMA, International Journal of Comparative Religious Education and Values, Vol. 12 / No. 1 / Summer 2000, Wolfenbüttel, Germany.

「学生・生徒たちの中のクリスチャン教師像――教師論について」、『キャンパス・ミニストリー』13号、学校伝道研究会紀要、二〇〇〇年、二五―四一頁

「告知としての聖書科授業――教育における伝道の可能性」、『神学』62号、東京神学大学神学会、二〇〇〇年、三二―六〇頁

「在日コリアン・マイノリティーの視点からの平和教育」（「第12回国際宗教教育・価値セミナー」学会発題論考）、『キリスト教教育論集』9号、日本キリスト教教育学会、二〇〇一年、八五―九五頁

「全球化時代におけるキリスト教教育の自己認識と前途」、（第13回日本キリスト教教育学会［2001. 6. 9.］シンポジウム「21世紀のキリスト教教育はどこへ向かうのか」発題原稿）、『キリスト教教育論集』10号、日本キリスト教教育学会、欧友社、二〇〇二年、一四九―一五四頁

「『洗礼・堅信を巡る教会教育』――歴史的考察」、『紀要』5号、東京神学大学総合研究所、二〇〇二年、一三一―一四九頁

（発題）「伝道者養成の視点から見たキリスト教教育者養成」、『キリスト教教育論集』11号、日本キリスト教教育学会、欧友社、二〇〇三年五月、一二七―一三一頁

「シュライエルマッハーにおける宗教教育の根本問題」、『キリスト教教育論集』13号、日本キリスト教教育学会、二〇〇五年、四三―五二頁

「信仰継承の意味と諸相」、『季刊　教会』№59、日本基督教団改革長老教会協議会、二〇〇五年、四―一一頁

「『神の像』としての人間の形成の問題――宗教教育学的視点から」、『神学』67号、東京神学大学神学会、二〇〇五年一二月、七四―九五頁

Heon-Wook Park, The Role and the Meaning of Religious Education today within Japan's Religious diversity, in: PANORAMA, International Journal of Comparative Religious Education and Values, Vol. 18, Summer/Winter 2006, Wolfenbüttel, Germany, p.104-112.

Heon-Wook Park, Recent Religious Circumstances in Japan; in: PANORAMA, International Journal of Comparative Religious Education and Values, Vol. 18, Summer/Winter 2006, Wolfenbüttel, Germany, p. 22-23.

「『信仰と教育』――歴史的・キリスト教教育学的一考察」、『神学』68号、東京神学大学神学会、教文館、二〇〇六年、四一―五七頁

「宗教教授学の神学的考察」、『キリスト教教育論集』16号、日本キリスト教教育学会、二〇〇八年三月、一五―一二三頁

「韓国の戦後史における道徳教育・宗教教育の過去と現在」（教育史学会第52回大会記録　シンポジウム発題）、

『日本の教育史学』教育史学会紀要第52集、教育史学会、二〇〇九年、一一九―一二四頁

「キャンパス・ミニストリーと担い手」、『紀要』13号、東京神学大学総合研究所、二〇一〇年、一一七―一二九頁

「国家と宗教教育――南原繁の政治思想から学ぶ」、『伝道と神学』№1、東京神学大学総合研究所、二〇一一年三月、一五〇―一六二頁

「創造論における自然神学の再考――宗教教育学的展開」、『神学』73号、東京神学大学神学会、二〇一一年一二月、八六―一一〇頁

「教会教育学の出現とその特性」、『キリスト教教育論集』20号、日本キリスト教教育学会、二〇一二年三月、一―一五頁

Heon-Wook Park, The State and Religious Education – Shigeru Nambara, in: PANORAMA, Intercultural Annual of Interdisciplinary Ethical and Religious Studies for Responsible Research, PANORAMA, Wülperode, Germany, Volume 24 / 2012. P. 19-23.

「歴史の中に働く神――個人的視点から」、『神学』74号、東京神学大学神学会、二〇一二年一二月、二二三―二三六頁

「日本における道徳と宗教の教育――田中耕太郎の場合」、『伝道と神学』№3、東京神学大学総合研究所、二〇一三年三月、一三五―一四五頁

「キリスト教的人間形成と教育」、『カトリック研究』82号、上智大学神学会、二〇一三年八月、一六一―一八三頁

「教会教育学の出現とその特性」、Korean Presbyterian Journal of Theology, Vol. 45 No. 3. 2013, Presbyterian College and Theological Seminary, Seoul / Korea, pp. 87-111.

「洗礼・堅信礼を巡る教会教育」、『神学』76号、東京神学大学神学会、二〇一四年一二月、一二三―四三頁

「洗礼を巡る伝道と教育」、『伝道と神学』№5、東京神学大学総合研究所、二〇一五年三月、一二七―一四一頁

「ルターにおける教会とこの世への責任的地平」、『神学』78号、東京神学大学神学会、二〇一六年一二月、七五―九四頁

「宗教改革と聖書」、月刊『キリスト教保育』キリスト教保育連盟、二〇一七年一〇月号、二六―三七頁

「福音による変革と形成――宗教教育学的考察」、『神学』79号、東京神学大学神学会、二〇一七年一二月、七―三四頁

朴憲郁教授　指導修士論文

番号	年度	氏名	専攻	修士主題
1	一九九四年	金　園播	組織（組織）	日本のプロテスタント史におけるキリスト教教育の考察：主に人間理解をめぐって
2	一九九七年	田中かおる	聖書（新約）	マルコによる福音書10・13―16における「子供」の理解について：釈義的考察と日本のキリスト教保育界における影響史

3	一九九八年	（旧姓・馬場）西島麻里子	組織（実践）	E. Brunner の神の像とキリスト教教育の可能性
4	一九九九年	髙橋　彰	組織（実践）	主のパイデイア
5	二〇〇〇年	（旧姓・田中）国津里咲	組織（実践）	カルヴァンにおける教会教育
6	二〇〇一年	野田　沢	組織（実践）	矢島楫子のキリスト教理解とその実践
7	〃	福島義也	組織（実践）	矢内原忠雄の教育論
8	〃	福田　哲	組織（実践）	高崎毅におけるキリスト教教育論の一考察
9	二〇〇四年	川中　真	組織（組織）	ルターの教育思想と神学
10	二〇〇八年	大澤正芳	組織（実践）	田村直臣の宗教教育論とその今日的意義
11	〃	金　斗賢	組織（組織）	キリスト教大学理念を巡る考察：ジョン・ヘンリ・ニューマンをめぐって
12	〃	柳元宏史	組織（実践）	ルターのカテキズム教育再考：大教理問答を中心に
13	二〇一〇年	（旧姓・三河）山崎悠希子	組織（組織）	教会の業としてのキリスト教学校：チャプレン教務教師の役割と意義をめぐって
14	二〇一一年	江田めぐみ	組織（実践）	フレーベルの教育思想の意義と課題
15	二〇一三年	上野峻一	組織（実践）	Richard R. Osmer の教会教育論：The Teaching Ministry of Congregations にみる聖霊に基づくキリスト教教育
16	二〇一四年	佐藤　愛	組織（実践）	ブッシュネルのキリスト教養育論と今日的展開
17	二〇一七年	森下静香	組織（実践）	賀川豊彦の教育論：ジョン・ウェスレーの神学・教育論との関連を考慮しつつ

※「聖書（新約）」とは「聖書神学専攻内の新約神学関係」の略記、「組織（実践）」とは「組織神学専攻内の実践神学関係」の略記、「組織（組織）」とは「組織神学専攻内の組織神学関係」の略記。

同イリノイ州 McNeal 病院にて、CPE（Clinical Pastoral Education）の研修（22 週間）を終了。東京神学大学大学院神学研究科博士課程前期課程 2 年在学中。2017 年 9 月修士論文提出。

金　園播（キム・ウォンパ）

1985年来日、法政大学文学部卒業。1995年東京神学大学大学院神学研究科博士課程前期課程修了。日本基督教団学生キリスト教友愛会主事、日本基督教団中村栄光教会伝道師を経て、現在、日本基督教団聖書之友教会主任担任教師。

佐藤　愛（さとう・あい）

国際基督教大学卒業。2015年、東京神学大学博士課程前期課程修了。現在、日本基督教団西千葉教会担任教師。

髙橋　彰（たかはし・あきら）

2000年、東京神学大学大学院神学研究科博士課程前期課程修了。2001年、日本バプテスト神学校バプテストコース修了。現在、日本バプテスト同盟関東学院教会牧師、日本バプテスト神学校教授・学務主事、関東学院六浦中学校・高等学校聖書科非常勤講師。

田中かおる（たなか・かおる）

東京都出身。東洋英和女学院短期大学（保育科）卒業、同・保育専攻科修了。1998年、東京神学大学大学院神学研究科博士課程前期課程修了。2014年、聖学院大学大学院アメリカ・ヨーロッパ文化研究科博士後期課程満期退学。現在、日本基督教団安行教会主任担任教師、及び浦和ルーテル学院、聖学院大学、東洋英和女学院大学、立教女学院短期大学、藤女子大学非常勤講師。**訳書**：『みんなのカテキズム――はじめてのカテキズム・学習用カテキズム』（一麦出版社、2000年、共訳）、**著書**：『10代と歩む　洗礼・堅信への道』（朴憲郁・平野克己監修、日本キリスト教団出版局、2013年、共著）。

西島麻里子（にしじま・まりこ）

1971年生まれ。1999年、東京神学大学大学院神学研究科博士課程前期課程修了。1999–2003年、日本基督教団金城教会担任教師。2003年、岐阜済美学院済美女子高等学校宗教（聖書）科講師、2006年 – 現在、岐阜済美学院済美高等学校（2004年名称変更）宗教主事。

森下静香（もりした・しずか）

2001年、米国イリノイ州Northern Baptist Theological Seminary（M. Div.）修了。

執筆者紹介（あいうえお順）

上野峻一（うえの・しゅんいち）

1985年、御殿場生まれ。2010年、青山学院大学卒業、幼小中高教員免許状取得。2014年、東京神学大学博士課程前期課程修了。2014–2017年、日本基督教団経堂北教会担任教師。現在、鎌倉雪ノ下教会担任教師、東京神学大学博士課程後期課程在籍、東洋英和女学院中学高等学校聖書科非常勤講師、認定NPO法人ACEF（アジア・キリスト教教育基金）評議員。

江田めぐみ（えだ・めぐみ）

1948年生まれ。1968年、和泉短期大学児童福祉課卒業。1968–1974年、宗教法人めぐみ幼稚園教諭。1977–2008年、学校法人恵学園めぐみ幼稚園教諭。2012年、東京神学大学院神学研究科組織神学専攻博士課程前期課程修了。2012–2014年、日本基督教団三芳教会担任教師。2014年 – 現在、日本基督教団越生教会主任担任教師。

大澤正芳（おおさわ・まさよし）

1979年、埼玉県深谷生まれ。2009年、東京神学大学神学部博士課程前期課程修了。2009–2012年、日本基督教団大和キリスト教会担任教師。2012–2017年、日本基督教団鎌倉雪ノ下教会担任教師。2017年 – 現在、日本基督教団金沢元町教会主任担任教師。

川中　真（かわなか・まこと）

1962年、東京生まれ。浦和ルーテル学院小・中・高等学校聖書科教諭を経て、2005年、東京神学大学大学院神学研究科博士課程前期課程修了。日本基督教団名古屋新生教会主任担任教師及び金城学院中学校聖書科非常勤講師、日本基督教団岩槻教会主任担任教師及び同教会附属岩槻幼稚園園長を経て、2015年より日本基督教団香貫教会主任担任教師。

《朴憲郁先生献呈論文集》
恵みによって生きる人間の形成
キリスト教教育の理論と実践

2018年 1 月 25 日　初版発行

編著者　上野峻一・田中かおる
発　行　日本キリスト教団出版局
〒169-0051　東京都新宿区西早稲田 2-3-18
電話・営業 03(3204)0422、編集 03(3204)0424
http://bp-uccj.jp

印刷・製本　三秀舎

ISBN 978-4-8184-0995-8 C1016　日キ版
Printed in Japan